EDITORIAL

WILD WILD WOOL
DAS GROSSE IDEENBUCH FÜR MÜTZEN, SCHALS & CO.

WIR HÄKELN UND STRICKEN MIT LEIDENSCHAFT

Täglich stylen, kombinieren, verändern, erfinden und verwerfen wir Ideen. Menschen bringen unsere Produkte zum Leben. Wir sind leidenschaftliche Häkler und Stricker und glauben, dass das Handarbeiten eine sehr kreative und greifbare Ausdrucksweise ist. Außerdem macht Häkeln und Stricken viel Spaß und geht schneller, als man denkt. Modell 12 dauert keine 2 Stunden! Und bei vielen Modellen braucht man gerade mal nur ein Knäuel.

UNSERE STRICKMUSTER

Wir verstehen, dass es kompliziert erscheint, wenn man zum ersten mal Wolle in der Hand hält und man daraus ein Accessoire häkeln oder stricken möchte. Don't Panic – unsere Kollektion wurde speziell für Anfänger entwickelt. Wir haben unsere Muster an Anfängern (einschließlich Jungs) getestet, um sicher zu stellen, dass die Beschreibungen einfach, präzise und schnell zu verstehen sind. Und auch Experten werden viel Spaß haben unsere wunderbaren Wollqualitäten zu verarbeiten.

NICHT GANZ GLEICHMÄSSIG – DANN IST ES EBEN EIN UNIKAT

Alles Einzelstücke – keine selbstgemachte Handarbeit wird jemals genau so sein wie die andere. Wir schätzen die Unvollkommenheiten, die kleinen Fehler und die Einzigartigkeit ihres Schöpfers. Gestaltet Eure eigenen Designs, indem Ihr einfach die angegebenen Farben in Eure Lieblingsfarbkombinationen austauscht. Außerdem habt ihr die Möglichkeit Eure selbstgestaltete Mütze noch durch verschiedene coole Webetiketten und Kunstfellpompons aufzupeppen (siehe Seite 110 und 111).

Wir wünschen Euch ganz viel Vergnügen beim Häkeln und Stricken, ganz entspannt allein oder in fröhlich großer Runde!

Eures Wild Wild Wool - Team

A WARM WELCOME TO THE WORLD OF WILD WILD WOOL

INHALT

EDITORIAL
SEITE 1

HÄKELN
SEITE 6

HÄKELN		SEITE 08 – 11
MODELL 01	HÄKELMÜTZE FÜR COOLE GIRLS	SEITE 12 – 13
MODELL 02	SCHLICHTE HÄKELMÜTZE FÜR COOLE BOYS	SEITE 14 – 17
MODELL 03	HÄKELMÜTZE MIT STREIFEN	SEITE 18 – 21
MODELL 04	MÜTZE 2-FARBIG FÜR HERREN	SEITE 22 – 23
MODELL 04	MÜTZE 2-FARBIG FÜR SCHNEEHASEN	SEITE 24 – 25
MODELL 05	HÄKELTASCHE	SEITE 26 – 27
MODELL 06	HÄKELTASCHE	SEITE 28 – 29
MODELL 07	HÄKELMÜTZE	SEITE 30 – 31
MODELL 08	HÄKELSCHAL	SEITE 32 – 33
MODELL 09	HÄKELMÜTZE FÜR DREAMERS	SEITE 34 – 35
MODELL 09	HÄKELMÜTZE FOR LONDON GIRLS	SEITE 36 – 37
MODELL 10	HÄKELMÜTZE MIT FISCHGRÄTENZOPF	SEITE 38 – 41
MODELL 11/12	HÄKELLOOP/HÄKELMÜTZE	SEITE 42 – 43
MODELL 13	MÜTZE MIT FISCHGRÄTENZOPF	SEITE 44 – 45
MODELL 14	STIRNBAND FÜR LADIES & GENTLEMEN	SEITE 46 – 47
MODELL 15/16	HÄKELMÜTZE UND HÄKELLOOP	SEITE 48 – 55
MODELL 17	HÄKELMÜTZE	SEITE 56 – 57
MODELL 18	HÄKELLOOP	SEITE 58 – 59
MODELL 19	HÄKELMÜTZE FÜR LADIES	SEITE 60 – 61
MODELL 20	HÄKELMÜTZE IN TOLLEN STREIFEN	SEITE 62 – 63

STRICKEN
SEITE 64

STRICKEN		**SEITE 66 – 67**
MODELL 21/22/23	BOMMELMÜTZE/SCHAL/STULPEN	SEITE 68 – 69
MODELL 24/25	MÜTZE/SCHAL	SEITE 70 – 71
MODELL 26	PUDELMÜTZE	SEITE 72 – 73
MODELL 27	HOOD FÜR KINDER, DAMEN & HERREN	SEITE 74 – 75
MODELL 28	RINGELMÜTZE FÜR BOYS & GIRLS	SEITE 76 – 79
MODELL 29/30	DREIECKSTUCH/PATENTMÜTZE	SEITE 80 – 81
MODELL 31	FÄUSTLINGE	SEITE 82 – 83
MODELL 32/33	MÜTZE UND LOOP IM NETZPATENT	SEITE 84 – 85
MODELL 34/35	PATENTMÜTZE /PATENTSCHAL	SEITE 86 – 87
MODELL 36	MÜTZE IM PERLMUSTER	SEITE 88 – 91
MODELL 37	LOOPSCHAL IM PERLMUSTER	SEITE 90 – 91
MODELL 38/39	ZOPFMUSTERMÜTZE/LOCHMUSTERSCHAL	SEITE 92 – 93
MODELL 40	LOOPSCHAL IM ZOPFMUSTER	SEITE 94 – 95
MODELL 41	EINFACHE MÜTZE	SEITE 96 – 97
MODELL 42/43	SCHAL IM BROMBEERMUSTER/GERIPPTE MÜTZE	SEITE 98 – 101
MODELL 44/45	MÜTZEN MIT OHRENKLAPPEN	SEITE 102 – 105
MODELL 46	HAARREIF MIT POMPON	SEITE 106 – 107
GARNE		SEITE 108 – 109
ZUBEHÖR		SEITE 110 – 111

wild wild wool

HÄKELN

HÄKELN

LUFTMASCHEN ANSCHLAGEN

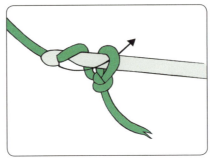
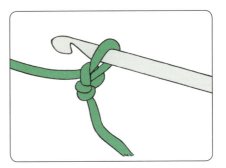
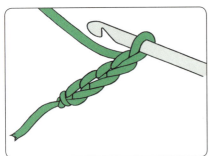

LUFTMASCHEN IM FADENRING ANSCHLAGEN

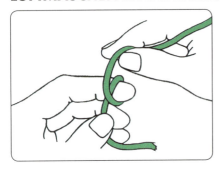
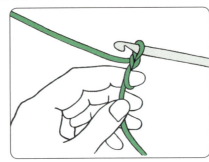
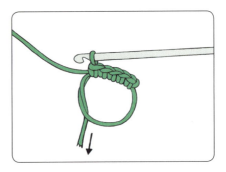

FESTE MASCHEN

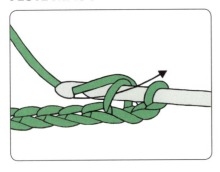

KETTMASCHE

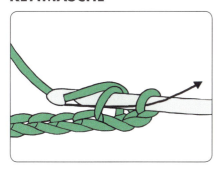

FARBWECHSEL

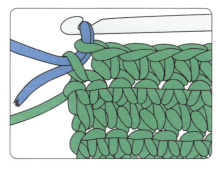

Am Ende der zuletzt gehäkelten Reihe den Faden als Schlinge durch die letzte Masche ziehen. Nun befinden sich 2 Schlingen auf der Häkelnadel. Die neue Farbe mit der Häkelnadel holen und durch beide Schlingen ziehen. Nach dem Wenden mit der neuen Farbe wie gewohnt häkeln.

HALBES STÄBCHEN

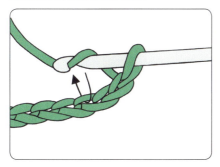  

EINFACHES STÄBCHEN

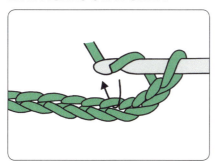 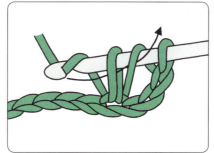 

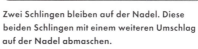

Zwei Schlingen bleiben auf der Nadel. Diese beiden Schlingen mit einem weiteren Umschlag auf der Nadel abmaschen.

POMPON

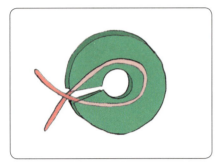 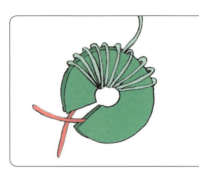 

Um einen Pompon zu machen braucht man Karton, Zirkel, Wolle und eine Schere. Zuerst schneidet man zwei Kartonscheiben mit Loch aus (z.B. 6cm Umfang mit 2cm Loch). Dann legt man die Kartonscheiben aufeinander und platziert ein Stück Wolle wie in der Zeichnung beschrieben (roter Faden).

Dann die Wolle um beide Scheiben wickeln bis diese ganz bedeckt sind. Am besten geht es, wenn das Garn in ca. 2 Meter Stücke geschnitten ist. Wenn Du eine weitere Garnlänge brauchst, dann nicht zusammenbinden, sondern einfach mit etwas Extra-Länge hängen lassen und eine neue Länge beginnen.

Wenn die Kartonscheiben vollständig umwickelt sind muss man die Kanten aufschneiden. Die Schere soll beim Schneiden zwischen den zwei Kartonscheiben sein.

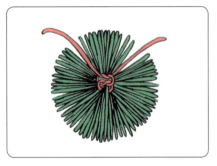

Nun den roten Faden stramm zusammenknoten und die Kartonscheiben entfernen. Alle ungleichmäßigen Fäden gleich lang abschneiden.

MASCHENPROBE

GRÖSSE
Die meisten unserer Modelle sind in mehreren Größen beschrieben. Dabei stehen die abweichenden Maßangaben der zweiten oder dritten Größe in Klammern.

MASCHENPROBE
Ganz wichtig: Bevor Du anfängst Dein Modell zu stricken, mach immer eine Maschenprobe! Arbeite ein Probestück im angegebenen Muster von mindestens 10cm x 10cm Größe. Nimm das Probestück von den Nadeln und zähle Maschen und Reihen auf 10cm x 10cm aus. Vergleiche Deine Zahlen mit denen, die unter »Maschenprobe« in der Anleitung angegeben sind. Hat Dein Probestück weniger Maschen und Reihen, musst Du fester stricken oder dünnere Nadeln nehmen. Hat Dein Probestück mehr Maschen und Reihen, musst Du lockerer stricken oder dickere Nadeln nehmen.

© Rico Design GmbH & Co. KG
Alle Modelle sind urheberrechtlich geschützt. Jede Verwertung ist ohne die Zustimmung von Rico Design unzulässig. Das gilt für Vervielfältigungen, Übersetzungen und Mikroverfilmungen, sowie Einspeicherungen und Verarbeiten in elektronischen Systemen.

MODELL 01

HÄKELMÜTZE FESTE MASCHEN

DIE NEUE IT-MÜTZE AUS NYC!

MODELL 01
HÄKELMÜTZE FÜR COOLE GIRLS

GRÖSSE
Die Mütze hat einen Umfang von ca. 56cm.

MATERIAL
Rico Essentials Big Farbe 015 (Schwarz) 100g
alternativ auf Seite 16 Farbe 031 (Zimt) 100g
Rico Häkelnadel 8mm
2 x Rico Kunstfellpompon Farbe 006 (Schwarz)

GRUNDMUSTER
feste Maschen

MASCHENPROBE IM GRUNDMUSTER
10 Maschen und 10 Runden = 10 x 10cm

ANLEITUNG
Die Mütze wird aus festen Maschen gehäkelt.
6 feste Maschen in einen Fadenring häkeln und mit 1 Kettmasche zur Runde schließen.
1. Runde: Alle Maschen verdoppeln, d. h. in jede Masche der Vorrunde 2 feste Maschen häkeln = 14 Maschen.
2. Runde: Jede 2. Masche verdoppeln, d. h. in jede 2. Masche der Vorrunde 2 feste Maschen häkeln = 21 Maschen.
3. Runde: Jede 3. Masche verdoppeln, d. h. in jede 3. Masche der Vorrunde 2 feste Maschen häkeln = 28 Maschen.
4. Runde: Jede 7. Masche verdoppeln, d. h. in jede 7. Masche der Vorrunde 2 feste Maschen häkeln = 32 Maschen.
5. Runde: Jede 8. Masche verdoppeln, d. h. in jede 8. Masche der Vorrunde 2 feste Maschen häkeln = 36 Maschen.
6. Runde: Jede 9. Masche verdoppeln, d. h. in jede 9. Masche der Vorrunde 2 feste Maschen häkeln = 40 Maschen.
7. Runde: Jede 10. Masche verdoppeln, d. h. in jede 10. Masche der Vorrunde 2 feste Maschen häkeln = 44 Maschen.
8. Runde: Jede 11. Masche verdoppeln, d. h. in jede 11. Masche der Vorrunde 2 feste Maschen häkeln = 48 Maschen.
9. Runde: Jede 16. Masche verdoppeln, d. h. in jede 16. Masche der Vorrunde 2 feste Maschen häkeln = 51 Maschen.
10. – 20. Runde: Ohne Zunahmen feste Maschen häkeln.

FERTIGSTELLUNG
Die Mütze anfeuchten, in Form ziehen und trocknen lassen. Alle Fäden vernähen. Die Kunstfellpompons an die Mütze nähen.

MODELL 02

HÄKELMÜTZE FESTE MASCHEN

MODELL 02 SCHLICHTE HÄKELMÜTZE FÜR COOLE BOYS

GRÖSSE
Die Mütze hat einen Umfang von etwa 56cm.

MATERIAL
Rico Essentials Big Farbe 015 (Schwarz) 100g
alternativ auf Seite 17 Farbe 014 (Grau) 100g
Rico Häkelnadel 8mm

GRUNDMUSTER
feste Maschen

MASCHENPROBE IM GRUNDMUSTER
10 Maschen und 10 Runden = 10 x 10cm

wild wild wool

ANLEITUNG

Die Mütze wird aus festen Maschen gehäkelt. 6 feste Maschen in einen Fadenring häkeln und mit 1 Kettmasche zur Runde schließen.

1. Runde: Alle Maschen verdoppeln, d. h. in jede Masche der Vorrunde 2 feste Maschen häkeln = 14 Maschen.
2. Runde: Jede 2. Masche verdoppeln, d. h. in jede 2. Masche der Vorrunde 2 feste Maschen häkeln = 21 Maschen.
3. Runde: Jede 3. Masche verdoppeln, d. h. in jede 3. Masche der Vorrunde 2 feste Maschen häkeln = 28 Maschen.
4. Runde: Jede 7. Masche verdoppeln, d. h. in jede 7. Masche der Vorrunde 2 feste Maschen häkeln = 32 Maschen.
5. Runde: Jede 8. Masche verdoppeln, d. h. in jede 8. Masche der Vorrunde 2 feste Maschen häkeln = 36 Maschen.
6. Runde: Jede 9. Masche verdoppeln, d. h. in jede 9. Masche der Vorrunde 2 feste Maschen häkeln = 40 Maschen.
7. Runde: Jede 10. Masche verdoppeln, d. h. in jede 10. Masche der Vorrunde 2 feste Maschen häkeln = 44 Maschen.
8. Runde: Jede 11. Masche verdoppeln, d. h. in jede 11. Masche der Vorrunde 2 feste Maschen häkeln = 48 Maschen.
9. Runde: Jede 16. Masche verdoppeln, d. h. in jede 16. Masche der Vorrunde 2 feste Maschen häkeln = 51 Maschen.
10. – 21. Runde: Ohne Zunahmen feste Maschen häkeln.

FERTIGSTELLUNG

Die Mütze anfeuchten, in Form ziehen und trocknen lassen. Alle Fäden vernähen.

MODELL 01/02

**HÄKELMÜTZE
FESTE MASCHEN**

MODELL 03

HÄKELMÜTZE
FESTE MASCHEN

MODELL 03
HÄKELMÜTZE MIT STREIFEN FÜR KIDS

GRÖSSE
Die Mütze hat einen Umfang von etwa 52cm.

MATERIAL
Rico Essentials Big
Farbe A 023 (Steingrau) 100g
Farbe B 018 (Mint) 50g
alternative Farbkombination
Farbe A 031 (Zimt) 100g
Farbe B 029 (Melone) 50g
Rico Häkelnadel 8mm

GRUNDMUSTER
feste Maschen

MASCHENPROBE IM GRUNDMUSTER
10 Maschen und 10 Runden = 10 x 10cm

ANLEITUNG
Die Mütze wird aus festen Maschen gehäkelt. 5 feste Maschen in einen Fadenring häkeln und mit 1 Kettmasche zur Runde schließen.

1. Runde: Alle Maschen verdoppeln, d. h. in jede Masche der Vorrunde 2 feste Maschen häkeln = 12 Maschen.
2. Runde: Jede 2. Masche verdoppeln, d. h. in jede 2. Masche der Vorrunde 2 feste Maschen häkeln = 18 Maschen.
3. Runde: Jede 3. Masche verdoppeln, d. h. in jede 3. Masche der Vorrunde 2 feste Maschen häkeln = 24 Maschen.
4. Runde: Jede 6. Masche verdoppeln, d. h. in jede 6. Masche der Vorrunde 2 feste Maschen häkeln = 28 Maschen.
5. Runde: Jede 14. Masche verdoppeln, d. h. in jede 14. Masche der Vorrunde 2 feste Maschen häkeln = 30 Maschen.
6. Runde: Jede 10. Masche verdoppeln, d. h. in jede 10. Masche der Vorrunde 2 feste Maschen häkeln = 33 Maschen.
7. Runde: Jede 11. Masche verdoppeln, d. h. in jede 11. Masche der Vorrunde 2 feste Maschen häkeln = 36 Maschen.
8. Runde: Jede 6. Masche verdoppeln, d. h. in jede 6. Masche der Vorrunde 2 feste Maschen häkeln = 42 Maschen.
9. – 18. Runde: Ohne Zunahmen feste Maschen häkeln.

Für die Farbstreifen die 13., 15. und 17. Runde in Farbe B häkeln.

FERTIGSTELLUNG
Die Mütze anfeuchten, in Form ziehen und trocknen lassen. Alle Fäden vernähen.

MODELL 03

HÄKELMÜTZE FESTE MASCHEN

MODELL 03
HÄKELMÜTZE MIT STREIFEN

DAMEN (HERREN)

GRÖSSE
Die Mütze hat einen Umfang von etwa 56cm.

MATERIAL
Rico Essentials Big
Rico Häkelnadel 8mm

DAMENMÜTZE
Farbe A 023 (Steingrau) 100g,
Farbe B 022 (Hellgrau) 50g

HERRENMÜTZE
Farbe A 021 (Holz) 100g,
Farbe B 020 (Camel) 50g

GRUNDMUSTER
feste Maschen

MASCHENPROBE IM GRUNDMUSTER
10 Maschen und 10 Runden = 10 x 10cm

ANLEITUNG
Die Mütze wird aus festen Maschen gehäkelt.
6 feste Maschen in einen Fadenring häkeln und mit 1 Kettmasche zur Runde schließen.

1. Runde: Alle Maschen verdoppeln, d. h. in jede Masche der Vorrunde 2 feste Maschen häkeln = 14 Maschen.

2. Runde: Jede 2. Masche verdoppeln, d. h. in jede 2. Masche der Vorrunde 2 feste Maschen häkeln = 21 Maschen.

3. Runde: Jede 3. Masche verdoppeln, d. h. in jede 3. Masche der Vorrunde 2 feste Maschen häkeln = 28 Maschen.

4. Runde: Jede 7. Masche verdoppeln, d. h. in jede 7. Masche der Vorrunde 2 feste Maschen häkeln = 32 Maschen.

5. Runde: Jede 8. Masche verdoppeln, d. h. in jede 8. Masche der Vorrunde 2 feste Maschen häkeln = 36 Maschen.

6. Runde: Jede 9. Masche verdoppeln, d. h. in jede 9. Masche der Vorrunde 2 feste Maschen häkeln = 40 Maschen.

7. Runde: Jede 10. Masche verdoppeln, d. h. in jede 10. Masche der Vorrunde 2 feste Maschen häkeln = 44 Maschen.

8. Runde: Jede 11. Masche verdoppeln, d. h. in jede 11. Masche der Vorrunde 2 feste Maschen häkeln = 48 Maschen.
9. Runde: Jede 16. Masche verdoppeln, d. h. in jede 16. Masche der Vorrunde 2 feste Maschen häkeln = 51 Maschen.
10. – 20. (21.) Runde: Ohne Zunahmen feste Maschen häkeln.

Für die Farbstreifen die 15., 17. und 19. (16., 18. und 20.) Runde in Farbe B häkeln.

FERTIGSTELLUNG
Die Mütze anfeuchten, in Form ziehen und trocknen lassen. Alle Fäden vernähen.

wild wild wool

MODELL 04
HÄKELMÜTZE
FESTE MASCHE &
LUFTMASCHE

MODELL 04
MÜTZE 2-FARBIG FÜR HERREN

GRÖSSE
Die Mütze hat einen Umfang von etwa 57/60cm.

MATERIAL
Rico Essentials Super super chunky
Farbe 007 (Dunkelgrau) 100g und
Farbe 002 (Beige) 100g
Rico Häkelnadel 10mm

GRUNDMUSTER
1 feste Masche, 1 Luftmasche im Wechsel häkeln, dabei in die Maschen der Vorrunde so einstechen, dass die feste Masche in die Luftmasche trifft und die Luftmasche über der festen Masche liegt.

STREIFENFOLGE
1 Runde in Beige, 1 Runde in Dunkelgrau

MASCHENPROBE IM GRUNDMUSTER
6 Maschen und 9 Runden = 10 x 10cm

ANLEITUNG
7 feste Maschen in Beige in einen Fadenring häkeln und mit 1 Kettmasche zur Runde schließen. Ab jetzt die Streifenfolge einhalten.

1. Runde: 2 Luftmaschen, * 1 feste Masche, 1 Luftmasche, ab * noch 7x wiederholen = 8 feste Maschen.
2. Runde: Jede 2. Masche verdoppeln, d. h. in jede 2. Luftmasche der Vorrunde 1 feste Masche, 1 Luftmasche, 1 feste Masche häkeln = 12 feste Maschen.
3. Runde: Jede 3. Masche verdoppeln, d. h. in jede 3. Luftmasche der Vorrunde 1 feste Masche, 1 Luftmasche, 1 feste Masche häkeln = 16 feste Maschen.
4. Runde: Jede 3. Masche verdoppeln, d. h. in jede 3. Luftmasche der Vorrunde 1 feste Masche, 1 Luftmasche, 1 feste Masche häkeln = 21 feste Maschen.
5. Runde: Jede 3. Masche verdoppeln, d. h. in jede 3. Luftmasche der Vorrunde 1 feste Masche, 1 Luftmasche, 1 feste Masche häkeln = 28 feste Maschen.
6. Runde: Jede 4. Masche verdoppeln, d. h. in jede 4. Luftmasche der Vorrunde 1 feste Masche, 1 Luftmasche, 1 feste Masche häkeln = 35 feste Maschen.
7. – 19. Runde: im Grundmuster ohne Zunahmen häkeln.

FERTIGSTELLUNG
Die Mütze anfeuchten, in Form ziehen und trocknen lassen.

MODELL 04
HÄKELMÜTZE
FESTE MASCHE & LUFTMASCHE

MODELL 04
MÜTZE 2-FARBIG FÜR SCHNEEHASEN

GRÖSSE
Die Mütze hat einen Umfang von ca. 52/56cm.

MATERIAL
Rico Essentials Super super chunky
Farbe 001 (Creme) 100g und
Farbe 004 (Melone) 100g
Rico Kunstfellpompon Farbe 001 (Natur)
Rico Häkelnadel 10mm

GRUNDMUSTER
1 feste Masche, 1 Luftmasche im Wechsel häkeln, dabei in die Maschen der Vorrunde so einstechen, dass die feste Masche in die Luftmasche trifft und die Luftmasche über der festen Masche liegt.

STREIFENFOLGE
1 Runde in Melone, 1 Runde in Creme

MASCHENPROBE IM GRUNDMUSTER
6 Maschen und 9 Runden = 10 x 10cm

ANLEITUNG
7 feste Maschen in Melone in einen Fadenring häkeln und mit 1 Kettmasche zur Runde schließen. Ab jetzt die Streifenfolge einhalten.

1. Runde: 2 Luftmaschen, * 1 feste Masche, 1 Luftmasche, ab * noch 7x wiederholen = 8 feste Maschen.
2. Runde: Jede 2. Masche verdoppeln, d. h. in jede 2. Luftmasche der Vorrunde 1 feste Masche, 1 Luftmasche, 1 feste Masche häkeln = 12 feste Maschen.
3. Runde: Jede 3. Masche verdoppeln, d. h. in jede 3. Luftmasche der Vorrunde 1 feste Masche, 1 Luftmasche, 1 feste Masche häkeln = 16 feste Maschen.
4. Runde: Jede 3. Masche verdoppeln, d. h. in jede 3. Luftmasche der Vorrunde 1 feste Masche, 1 Luftmasche, 1 feste Masche häkeln = 21 feste Maschen.
5. Runde: Jede 3. Masche verdoppeln, d. h. in jede 3. Luftmasche der Vorrunde 1 feste Masche, 1 Luftmasche, 1 feste Masche häkeln = 28 feste Maschen.
6. Runde: Jede 7. Masche verdoppeln, d. h. in jede 7. Luftmasche der Vorrunde 1 feste Masche, 1 Luftmasche, 1 feste Masche häkeln = 32 feste Maschen.
7. – 18. Runde: im Grundmuster ohne Zunahmen häkeln.

FERTIGSTELLUNG
Die Mütze anfeuchten, in Form ziehen und trocknen lassen. Den Kunstfellpompon an die Mützenspitze nähen und alle Fäden vernähen.

MODELL 05

HÄKELTASCHE FESTE MASCHEN

wild wild wool

MODELL 05
HÄKELTASCHE

GRÖSSE
etwa 38 x 36cm

MATERIAL
Rico Essentials Super super chunky
Farbe 002 (Beige) 300g
alternativ: Farbe 007 (Dunkelgrau) 200g und
Farbe 005 (Petrol) 100g
Rico Häkelnadel 10mm

GRUNDMUSTER
feste Maschen

MASCHENPROBE IM GRUNDMUSTER
8 Maschen und 10 Reihen = 10 x 10cm

ANLEITUNG
Die Tasche unten beginnen. 30 Luftmaschen + 1 Wendeluftmasche in Beige (Dunkelgrau) anschlagen und 30 feste Maschen arbeiten. Dann 30 feste Maschen in die vorderen Maschen-Glieder der Luftmasche häkeln und mit 1 Kettmasche in die 1. feste Masche zur Runde schließen. Weiter in Runden häkeln. Nach 27 Runden (mit Petrol) in Reihen weiterhäkeln.

1 Reihe nur in die hinteren Maschen-Glieder einstechen und 30 feste Maschen arbeiten, dann die Arbeit wenden, 1 Wendeluftmasche häkeln und für die Klappe noch 17 Reihen feste Maschen arbeiten.

Für den Träger 4 Luftmaschen + 1 Wendeluftmasche in Beige (Dunkelgrau) anschlagen und über 88 Reihen feste Maschen arbeiten.

FERTIGSTELLUNG
Die Tasche laut Maßangaben spannen, anfeuchten und trocknen lassen. Den Träger an die Seiten nähen und alle Fäden vernähen.

MODELL 06

HÄKELTASCHE FESTE MASCHEN

MODELL 06 HÄKELTASCHE

GRÖSSE
ca. 30 x 25cm

MATERIAL
Rico Essentials Big
Farbe 023 (Steingrau) 150g und
Farbe 032 (Safran) 100g
alternativ: Farbe 021 (Holz) 150g und
Farbe 035 (Azur) 100g
Rico Häkelnadel 8mm

GRUNDMUSTER
feste Maschen

MASCHENPROBE IM GRUNDMUSTER
10 Maschen und 10 Reihen = 10 x 10cm

FARBREIHENFOLGE
2 Runden Steingrau, 2 Runden Safran
(alternativ: 2 Runden Holz, 2 Runden Azur)

ANLEITUNG
Die Tasche unten beginnen. 30 Luftmaschen + 1 Wendeluftmasche in Steingrau (alternativ: Holz) anschlagen und 30 feste Maschen arbeiten. Dann 30 feste Maschen in die vorderen Maschen-Glieder der Luftmasche häkeln und mit 1 Kettmasche in die 1. feste Masche zur Runde schließen.

Weiter in Runden häkeln und die Farbreihenfolge einhalten. Die Runde immer mit 1 Kettmasche beenden. Nach 29 Runden noch 1 Runde feste Maschen in Steingrau (alternativ: Holz) arbeiten. Die Runde mit 1 Kettmasche schließen.

Den Träger in Steingrau (alternativ: Holz) arbeiten. Für den Träger 8 Luftmaschen + 1 Wendeluftmasche anschlagen und über 80 Reihen feste Maschen arbeiten.

FERTIGSTELLUNG
Die Tasche laut Maßangaben spannen, anfeuchten und trocknen lassen. Den Träger an die Seiten nähen und alle Fäden vernähen.

MODELL 07

HÄKELMÜTZE STÄBCHEN

MODELL 07
HÄKELMÜTZE

GRÖSSE
Die Mütze hat einen Umfang von etwa 59cm.

MATERIAL
Rico Essentials Big
Farbe 011 (Navy) 100g und
Farbe 027 (Neon-Grün) 50g
alternative Farbkombination auf Seite 32/33
Farbe 020 (Camel) 100g und
Farbe 024 (Neon-Gelb) 50g
Rico Häkelnadel 10mm

GRUNDMUSTER
Stäbchen

MASCHENPROBE IM GRUNDMUSTER
8 Maschen und 5 Runden = 10 x 10cm

ANLEITUNG
4 Luftmaschen in Neon-Gelb (Neon-Grün) anschlagen, mit 1 Kettmasche zur Runde schließen und im Grundmuster arbeiten.

1. Runde: 12 Stäbchen in den Luftmaschenring arbeiten.
2. Runde: Alle Maschen verdoppeln, d. h. in jede Masche der Vorrunde 2 Stäbchen häkeln = 24 Maschen.
3. Runde: Jede 4. Masche verdoppeln, d. h. in jede 4. Masche der Vorrunde 2 Stäbchen häkeln = 30 Maschen.
4. Runde: Jede 6. Masche verdoppeln, d. h. in jede 6. Masche der Vorrunde 2 Stäbchen häkeln = 35 Maschen.
5. Runde: Jede 7. Masche verdoppeln, d. h. in jede 7. Masche der Vorrunde 2 Stäbchen häkeln = 40 Maschen.
FARBWECHSEL
6. – 12. Runde: Ohne Zunahmen Stäbchen häkeln.
13. – 14 Runde: Ohne Zunahmen feste Maschen häkeln.

FERTIGSTELLUNG
Die Mütze anfeuchten, in Form ziehen und trocknen lassen. Alle Fäden vernähen. Einen Pompon von etwa 7cm Größe in Neon-Gelb (Neon-Grün) herstellen und an die Mützenspitze nähen.

MODELL 08

HÄKELSCHAL HALBE STÄBCHEN

AUCH AM MEER BRAUCHT MAN ETWAS WARMES MIT STYLE!

MODELL 08
HÄKELSCHAL

GRÖSSE
ca. 180cm lang und 14cm breit

MATERIAL
Rico Essentials Big
Farbe 020 (Camel) 100g und
Farbe 024 (Neon-Gelb) 100g
alternative Farbkombination auf Seite 30/31
Farbe 011 (Navy) 100g und
Farbe 027 (Neon-Grün) 100g
Rico Häkelnadel 10mm

GRUNDMUSTER
halbe Stäbchen

MASCHENPROBE IM GRUNDMUSTER
8 Maschen und 7 Reihen = 10 x 10cm

ANLEITUNG
160 Luftmaschen + 2 Wendeluftmaschen in Camel (Navy) anschlagen. Im Grundmuster 6 Reihen in Camel (Navy) und 3 Reihen in Neon-Gelb (Neon-Grün) arbeiten.

FERTIGSTELLUNG
Den Schal laut Größenangaben spannen, anfeuchten und trocknen lassen. Alle Fäden vernähen.

MODELL 09
HÄKELMÜTZE FÜR DREAMERS!

GRÖSSE
Die Mütze hat einen Umfang von etwa 56cm.

MATERIAL
Rico Essentials Big
Farbe 035 (Azur) 100g
Rico Häkelnadel 10mm

GRUNDMUSTER
halbe Stäbchen

MASCHENPROBE IM GRUNDMUSTER
8 Maschen und 6 Runden = 10 x 10cm

ANLEITUNG
Die Mütze wird aus halben Stäbchen gehäkelt. 6 feste Maschen in einen Fadenring häkeln und mit 1 Kettmasche zur Runde schließen.
1. Runde: Alle Maschen verdoppeln, d. h. in jede Masche der Vorrunde 2 halbe Stäbchen häkeln = 14 Maschen.
2. Runde: Jede 2. Masche verdoppeln, d. h. in jede 2. Masche der Vorrunde 2 halbe Stäbchen häkeln = 21 Maschen.
3. Runde: Jede 3. Masche verdoppeln, d. h. in jede 3. Masche der Vorrunde 2 halbe Stäbchen häkeln = 28 Maschen.
4. Runde: Jede 7. Masche verdoppeln, d. h. in jede 7. Masche der Vorrunde 2 halbe Stäbchen häkeln = 32 Maschen.
5. Runde: Jede 8. Masche verdoppeln, d. h. in jede 8. Masche der Vorrunde 2 halbe Stäbchen häkeln = 36 Maschen.
6. – 16. Runde: Ohne Zunahmen halbe Stäbchen häkeln.

FERTIGSTELLUNG
Die Mütze anfeuchten, in Form ziehen und trocknen lassen. Alle Fäden vernähen. Einen Pompon von etwa 9cm Größe herstellen und an die Mützenspitze nähen.

MODELL 09

HÄKELMÜTZE HALBE STÄBCHEN

MODELL 09 HÄKELMÜTZE FOR LONDON GIRLS

GRÖSSE
Die Mütze hat einen Umfang von ca. 56cm.

MATERIAL
Rico Essentials Big
Farbe 034 (Türkis) 100g
Rico Häkelnadel 10mm

GRUNDMUSTER
halbe Stäbchen

MASCHENPROBE IM GRUNDMUSTER
8 Maschen und 6 Runden = 10 x 10cm

ANLEITUNG
Die Mütze wird aus halben Stäbchen gehäkelt. 6 feste Maschen in einen Fadenring häkeln und mit 1 Kettmasche zur Runde schließen.
1. Runde: Alle Maschen verdoppeln, d. h. in jede Masche der Vorrunde 2 halbe Stäbchen häkeln = 14 Maschen.
2. Runde: Jede 2. Masche verdoppeln, d. h. in jede 2. Masche der Vorrunde 2 halbe Stäbchen häkeln = 21 Maschen.
3. Runde: Jede 3. Masche verdoppeln, d. h. in jede 3. Masche der Vorrunde 2 halbe Stäbchen häkeln = 28 Maschen.
4. Runde: Jede 7. Masche verdoppeln, d. h. in jede 7. Masche der Vorrunde 2 halbe Stäbchen häkeln = 32 Maschen.
5. Runde: Jede 8. Masche verdoppeln, d. h. in jede 8. Masche der Vorrunde 2 halbe Stäbchen häkeln = 36 Maschen.
6. – 14. Runde: Ohne Zunahmen halbe Stäbchen häkeln.

FERTIGSTELLUNG
Die Mütze anfeuchten, in Form ziehen und trocknen lassen. Alle Fäden vernähen.

MODELL 10

HÄKELMÜTZE HALBE STÄBCHEN

MODELL 10
SUPER SCHICKE HÄKELMÜTZE MIT FISCHGRÄTENZOPF

GRÖSSE
Die Mütze hat einen Umfang von ca. 56cm.

MATERIAL
Rico Essentials Big
Farbe 016 (Puder) 100g
Farbe 018 (Mint) 50g
Farbe 031 (Zimt) 50g
Rico Häkelnadel 10mm

GRUNDMUSTER
halbe Stäbchen

MASCHENPROBE IM GRUNDMUSTER
8 Maschen und 7 Runden = 10 x 10cm

ANLEITUNG
Die Mütze wird aus halben Stäbchen gehäkelt, dabei wird immer nur in das hintere Maschenglied eingestochen.

6 feste Maschen in einen Fadenring häkeln und mit 1 Kettmasche zur Runde schließen.

1. Runde: Alle Maschen verdoppeln, d. h. in jede Masche der Vorrunde 2 halbe Stäbchen häkeln = 14 Maschen.
2. Runde: Jede 2. Masche verdoppeln, d. h. in jede 2. Masche der Vorrunde 2 halbe Stäbchen häkeln = 21 Maschen.
3. Runde: Jede 3. Masche verdoppeln, d. h. in jede 3. Masche der Vorrunde 2 halbe Stäbchen häkeln = 28 Maschen.
4. Runde: Jede 7. Masche verdoppeln, d. h. in jede 7. Masche der Vorrunde 2 halbe Stäbchen häkeln = 32 Maschen.
5. Runde: Jede 8. Masche verdoppeln, d. h. in jede 8. Masche der Vorrunde 2 halbe Stäbchen häkeln = 36 Maschen.
6. – 14. Runde: Ohne Zunahmen halbe Stäbchen häkeln.

OHRENKLAPPEN
Die Ohrenklappen am Mützenrand über 10 Maschen häkeln.

1. Reihe: 10 halbe Stäbchen häkeln, dabei in das hintere Maschenglied einstechen.
2. Reihe: halbe Stäbchen in das vordere Maschenglied häkeln und die letzten beiden Maschen zusammen abmaschen = 9 Maschen.
3. Reihe: Halbe Stäbchen in das hintere Maschenglied häkeln und die ersten beiden Maschen zusammen abmaschen = 8 Maschen.
4. Reihe: Halbe Stäbchen in das vordere Maschenglied häkeln und die letzten beiden Maschen zusammen abmaschen = 7 Maschen.
5. Reihe: Halbe Stäbchen in das hintere Maschenglied häkeln und die ersten beiden Maschen zusammen abmaschen = 6 Maschen.
6. Reihe: Halbe Stäbchen in das vordere Maschenglied häkeln und die letzten beiden Maschen zusammen abmaschen = 5 Maschen.
7. Reihe: Halbe Stäbchen in das hintere Maschenglied häkeln und die ersten beiden Maschen zusammen abmaschen = 4 Maschen.
8. Reihe: Halbe Stäbchen in das vordere Maschenglied häkeln und die letzten beiden Maschen zusammen abmaschen = 3 Maschen.
Zwischen den Ohrenklappen 7 Maschen unbearbeitet lassen. Die zweite Ohrenklappe gegengleich arbeiten.

FISCHGRÄTENZOPF
8 Fäden, je 1,6m lang, vom Knäuel (Farbe Mint) wickeln, zur Hälfte legen und an die Spitze einer Ohrenklappe befestigen, sodass 16 Fäden entstehen.

Die Fäden in der Mitte teilen, sodass man 8 Fäden in der rechten Hand und 8 Fäden in der linken Hand hält. Nun immer die äußeren 2 Fäden von der rechten Seite mit den äußeren 2 Fäden von der linken Seite in der Mitte verschränken. Nach ca. 40cm am Ende des Zopfes einen Knoten machen. Um den Knoten zu verstecken, mit Farbe Zimt umwickeln (Breite ca. 7cm). Die Fransen unten hängen lassen.

FERTIGSTELLUNG
Die Mütze anfeuchten, in Form ziehen und trocknen lassen. Alle Fäden vernähen.

MODELL 10

HÄKELMÜTZE HALBE STÄBCHEN

WENN ES ANFÄNGT ZU HERBSTELN, KUSCHEL ICH MICH IN MEINE WEICHE SELBSTGEMACHTE MÜTZE!

MODELL 10 HÄKELMÜTZE MIT FISCHGRÄTENZOPF IN UNI

GRÖSSE
Die Mütze hat einen Umfang von etwa 56cm.

MATERIAL
Rico Essentials Big
Farbe 020 (Camel) 200g
Rico Häkelnadel 10mm

GRUNDMUSTER
halbe Stäbchen

MASCHENPROBE IM GRUNDMUSTER
8 Maschen und 7 Runden = 10 x 10cm

ANLEITUNG
Die Mütze wird aus halben Stäbchen gehäkelt, dabei wird immer nur in das hintere Maschenglied eingestochen.

6 feste Maschen in einen Fadenring häkeln und mit 1 Kettmasche zur Runde schließen.

1. Runde: Alle Maschen verdoppeln, d. h. in jede Masche der Vorrunde 2 halbe Stäbchen häkeln = 14 Maschen.
2. Runde: Jede 2. Masche verdoppeln, d. h. in jede 2. Masche der Vorrunde 2 halbe Stäbchen häkeln = 21 Maschen.
3. Runde: Jede 3. Masche verdoppeln, d. h. in jede 3. Masche der Vorrunde 2 halbe Stäbchen häkeln = 28 Maschen.
4. Runde: Jede 7. Masche verdoppeln, d. h. in jede 7. Masche der Vorrunde 2 halbe Stäbchen häkeln = 32 Maschen.
5. Runde: Jede 8. Masche verdoppeln, d. h. in jede 8. Masche der Vorrunde 2 halbe Stäbchen häkeln = 36 Maschen.
6. – 14. Runde: Ohne Zunahmen halbe Stäbchen häkeln.

OHRENKLAPPEN
Die Ohrenklappen am Mützenrand über 10 Maschen häkeln.

1. Reihe: 10 halbe Stäbchen häkeln, dabei in das hintere Maschenglied einstechen.
2. Reihe: Halbe Stäbchen in das vordere Maschenglied häkeln und die letzten beiden Maschen zusammen abmaschen = 9 Maschen.
3. Reihe: Halbe Stäbchen in das hintere Maschenglied häkeln und die ersten beiden Maschen zusammen abmaschen = 8 Maschen.
4. Reihe: Halbe Stäbchen in das vordere Maschenglied häkeln und die letzten beiden Maschen zusammen abmaschen = 7 Maschen.
5. Reihe: Halbe Stäbchen in das hintere Maschenglied häkeln und die ersten beiden Maschen zusammen abmaschen = 6 Maschen.
6. Reihe: Halbe Stäbchen in das vordere Maschenglied häkeln und die letzten beiden Maschen zusammen abmaschen = 5 Maschen.
7. Reihe: Halbe Stäbchen in das hintere Maschenglied häkeln und die ersten beiden Maschen zusammen abmaschen = 4 Maschen.
8. Reihe: Halbe Stäbchen in das vordere Maschenglied häkeln und die letzten beiden Maschen zusammen abmaschen = 3 Maschen.
Zwischen den Ohrenklappen 7 Maschen unbearbeitet lassen. Die zweite Ohrenklappe gegengleich arbeiten.

FISCHGRÄTENZOPF
8 Fäden, je 1,6m lang, vom Knäuel wickeln, zur Hälfte legen und an die Spitze einer Ohrenklappe befestigen, sodass 16 Fäden entstehen.
Die Fäden in der Mitte teilen, sodass man 8 Fäden in der rechten Hand und 8 Fäden in der linken Hand hält. Nun immer die äußeren 2 Fäden von der rechten Seite mit den äußeren 2 Fäden von der linken Seite in der Mitte verschränken.
Nach ca. 40cm am Ende des Zopfes einen Knoten machen. Um den Knoten zu verstecken, mit Farbe Camel umwickeln (Breite ca. 7cm). Die Fransen unten hängen lassen.

FERTIGSTELLUNG
Die Mütze anfeuchten, in Form ziehen und trocknen lassen. Alle Fäden vernähen.

MODELL 11/12
HÄKELLOOP
HÄKELMÜTZE
HALBE STÄBCHEN

MODELL 11
HÄKELLOOP

GRÖSSE
ca. 60 x 24cm

MATERIAL
Rico Essentials Super super chunky
Farbe 001 (Creme) 200g
Rico Häkelnadel 10mm

GRUNDMUSTER
halbe Stäbchen

MASCHENPROBE IM GRUNDMUSTER
8 Maschen und 6 Reihen = 10 x 10cm

ANLEITUNG
18 Luftmaschen + 2 Wendeluftmaschen anschlagen und halbe Stäbchen arbeiten. Am Anfang jeder Reihe 2 Wendeluftmaschen arbeiten. Nach ca. 120cm Gesamtlänge den Loop beenden und die beiden Schmalseiten mit festen Maschen zusammenhäkeln.

FERTIGSTELLUNG
Den Loop laut Größenangaben spannen, anfeuchten und trocknen lassen. Alle Fäden vernähen.

MODELL 12
HÄKELMÜTZE

GRÖSSE
Die Mütze hat einen Umfang von ca. 52cm.

MATERIAL
Rico Essentials Super super chunky
Farbe 001 (Creme) 100g
Rico Häkelnadel 10mm
Rico Kunstfellpompon Farbe 001 (Natur)

GRUNDMUSTER
halbe Stäbchen

MASCHENPROBE IM GRUNDMUSTER
8 Maschen und 6 Runden = 10 x 10cm

ANLEITUNG
Die Mütze wird aus halben Stäbchen gehäkelt.
6 feste Maschen in einen Fadenring häkeln und
mit 1 Kettmasche zur Runde schließen.

1. Runde: Alle Maschen verdoppeln, d. h. in jede Masche der Vorrunde 2 halbe Stäbchen häkeln = 14 Maschen.
2. Runde: Jede 2. Masche verdoppeln, d. h. in jede 2. Masche der Vorrunde 2 halbe Stäbchen häkeln = 21 Maschen.
3. Runde: Jede 3. Masche verdoppeln, d. h. in jede 3. Masche der Vorrunde 2 halbe Stäbchen häkeln = 28 Maschen.
4. Runde: Jede 7. Masche verdoppeln, d. h. in jede 7. Masche der Vorrunde 2 halbe Stäbchen häkeln = 32 Maschen.
5. Runde: Jede 8. Masche verdoppeln, d. h. in jede 8. Masche der Vorrunde 2 halbe Stäbchen häkeln = 36 Maschen.
6. – 14. Runde: Ohne Zunahmen halbe Stäbchen häkeln.

FERTIGSTELLUNG
Die Mütze anfeuchten, in Form ziehen und trocknen lassen. Alle Fäden vernähen. Den Kunstfellpompon an die Mützenspitze nähen.

MODELL 13

HÄKELMÜTZE HALBE STÄBCHEN

wild wild wool

MODELL 13
MÜTZE MIT FISCHGRÄTENZOPF

GRÖSSE
Die Mütze hat einen Umfang von etwa 56cm.

MATERIAL
Rico Essentials Super super chunky
Farbe 007 (Dunkelgrau) 200g
verschiedene Garnreste für den Pompon
Rico Häkelnadel 10mm

GRUNDMUSTER
halbe Stäbchen

MASCHENPROBE IM GRUNDMUSTER
8 Maschen und 6 Runden = 10 x 10cm

ANLEITUNG
Die Mütze wird aus halben Stäbchen gehäkelt, dabei wird immer nur in das hintere Maschenglied eingestochen.

6 feste Maschen in einen Fadenring häkeln und mit 1 Kettmasche zur Runde schließen.

1. Runde: Alle Maschen verdoppeln, d. h. in jede Masche der Vorrunde 2 halbe Stäbchen häkeln = 14 Maschen.
2. Runde: Jede 2. Masche verdoppeln, d. h. in jede 2. Masche der Vorrunde 2 halbe Stäbchen häkeln = 21 Maschen.
3. Runde: Jede 3. Masche verdoppeln, d. h. in jede 3. Masche der Vorrunde 2 halbe Stäbchen häkeln = 28 Maschen.
4. Runde: Jede 7. Masche verdoppeln, d. h. in jede 7. Masche der Vorrunde 2 halbe Stäbchen häkeln = 32 Maschen.
5. Runde: Jede 8. Masche verdoppeln, d. h. in jede 8. Masche der Vorrunde 2 halbe Stäbchen häkeln = 36 Maschen.
6. – 13. Runde: Ohne Zunahmen halbe Stäbchen häkeln.

OHRENKLAPPEN
Die Ohrenklappen am Mützenrand über 10 Maschen häkeln.

1. Reihe: Halbe Stäbchen häkeln, dabei in das hintere Maschenglied einstechen.
2. Reihe: Halbe Stäbchen in das vordere Maschenglied häkeln und die letzten beiden Maschen zusammen abmaschen = 9 Maschen.
3. Reihe: Halbe Stäbchen in das hintere Maschenglied häkeln und die ersten beiden Maschen zusammen abmaschen = 8 Maschen.
4. Reihe: Halbe Stäbchen in das vordere Maschenglied häkeln und die letzten beiden Maschen zusammen abmaschen = 7 Maschen.
5. Reihe: Halbe Stäbchen in das hintere Maschenglied häkeln und die ersten beiden Maschen zusammen abmaschen = 6 Maschen.
6. Reihe: Halbe Stäbchen in das vordere Maschenglied häkeln und die letzten beiden Maschen zusammen abmaschen = 5 Maschen.
7. Reihe: Halbe Stäbchen in das hintere Maschenglied häkeln und die ersten beiden Maschen zusammen abmaschen = 4 Maschen.
8. Reihe: Halbe Stäbchen in das vordere Maschenglied häkeln und die letzten beiden Maschen zusammen abmaschen = 3 Maschen.
Zwischen den Ohrenklappen 7 Maschen unbearbeitet lassen. Die zweite Ohrenklappe gegengleich arbeiten.

FISCHGRÄTENZOPF
8 Fäden, je 1,6m lang, vom Knäuel wickeln, zur Hälfte legen und an die Spitze einer Ohrenklappe befestigen, sodass 16 Fäden entstehen. Die Fäden in der Mitte teilen, sodass man 8 Fäden in der rechten Hand und 8 Fäden in der linken Hand hält. Nun immer die äußeren 2 Fäden von der rechten Seite mit den äußeren 2 Fäden von der linken Seite in der Mitte verschränken. Nach ca. 40cm am Ende des Zopfes einen Knoten machen. Die Fransen unten hängen lassen.

FERTIGSTELLUNG
Die Mütze anfeuchten, in Form ziehen und trocknen lassen. Einen Pompon von ca. 7cm Durchmesser aus verschiedenen Garnresten herstellen und an die Mützenspitze nähen. Alle Fäden vernähen.

MODELL 14

STIRNBAND FESTE MASCHEN

MODELL 14 STIRNBAND FÜR LADIES

GRÖSSE
Das Stirnband hat einen Umfang von etwa 56cm.

MATERIAL
Rico Creative Bonbon super chunky
Farbe 003 (Multi Pink) 100g
Rico Häkelnadel 10mm
farblich passendes Nähgarn

GRUNDMUSTER
feste Maschen

MASCHENPROBE IM GRUNDMUSTER
8 Maschen und 10 Reihen – 10 x 10cm

ANLEITUNG
Das Stirnband wird aus festen Maschen gehäkelt. 8 Luftmaschen + 1 Wendeluftmasche anschlagen und in Reihen feste Maschen häkeln. Nach ca. 52cm die schmalen Seiten mit festen Maschen zusammenhäkeln. Vor dem Zusammenhäkeln, eine Seite um 180° drehen. Das Stirnband hinlegen und die Drehung mittig mit einigen Stichen und farblich passendem Garn festnähen.

FERTIGSTELLUNG
Das Stirnband anfeuchten, in Form ziehen und trocknen lassen. Die Fäden vernähen.

MODELL 14 STIRNBAND FÜR GENTLEMEN

GRÖSSE
Das Stirnband hat einen Umfang von etwa 60cm.

MATERIAL
Rico Creative Bonbon super chunky
Farbe 002 (Multi Grau) je 100g
Rico Häkelnadel 10mm

GRUNDMUSTER
feste Maschen

MASCHENPROBE IM GRUNDMUSTER
8 Maschen und 10 Reihen = 10 x 10cm

ANLEITUNG
Das Stirnband wird aus festen Maschen gehäkelt. 8 Luftmaschen + 1 Wendeluftmasche anschlagen und in Reihen feste Maschen häkeln. Nach ca. 56cm die schmalen Seiten mit festen Maschen zusammenhäkeln.

FERTIGSTELLUNG
Das Stirnband anfeuchten, in Form ziehen und trocknen lassen. Die Fäden vernähen.

MODELL 15
HÄKELMÜTZE
DAMEN

GRÖSSE
Die Mütze hat einen Umfang von etwa 56cm.

MATERIAL
Rico Creative Bonbon super chunky
Farbe 005 (Multi Beere) 100g
Rico Häkelnadel 10mm

GRUNDMUSTER
halbe Stäbchen

MASCHENPROBE IM GRUNDMUSTER
8 Maschen und 6 Runden = 10 x 10cm

ANLEITUNG
Die Mütze wird aus halben Stäbchen gehäkelt. 6 feste Maschen in einen Fadenring häkeln und mit 1 Kettmasche zur Runde schließen.
1. Runde: Alle Maschen verdoppeln, d. h. in jede Masche der Vorrunde 2 halbe Stäbchen häkeln = 14 Maschen.
2. Runde: Jede 2. Masche verdoppeln, d. h. in jede 2. Masche der Vorrunde 2 halbe Stäbchen häkeln = 21 Maschen.
3. Runde: Jede 3. Masche verdoppeln, d. h. in jede 3. Masche der Vorrunde 2 halbe Stäbchen häkeln = 28 Maschen.
4. Runde: Jede 7. Masche verdoppeln, d. h. in jede 7. Masche der Vorrunde 2 halbe Stäbchen häkeln = 32 Maschen.
5. Runde: Jede 8. Masche verdoppeln, d. h. in jede 8. Masche der Vorrunde 2 halbe Stäbchen häkeln = 36 Maschen.
6. – 14. Runde: Ohne Zunahmen halbe Stäbchen häkeln.

FERTIGSTELLUNG
Die Mütze anfeuchten, in Form ziehen und trocknen lassen. Alle Fäden vernähen.

MODELL 16
HÄKELLOOP
DAMEN

GRÖSSE
ca. 60 x 24cm

MATERIAL
Rico Creative Bonbon super chunky
Farbe 005 (Multi Beere) 200g
Rico Häkelnadel 10mm

GRUNDMUSTER
halbe Stäbchen

MASCHENPROBE IM GRUNDMUSTER
8 Maschen und 6 Reihen = 10 x 10cm

ANLEITUNG
18 Luftmaschen + 2 Wendeluftmaschen anschlagen und halbe Stäbchen arbeiten. Am Ende jeder Reihe 2 Wendeluftmaschen arbeiten. Nach ca. 120cm Gesamtlänge den Loop beenden und die beiden schmalen Seiten mit festen Maschen zusammenhäkeln.

FERTIGSTELLUNG
Den Loop laut Größenangaben spannen, anfeuchten und trocknen lassen. Alle Fäden vernähen.

MODELL 15/16
HÄKELMÜTZE
HÄKELLOOP
HALBE STÄBCHEN

MODELL 15
HÄKELMÜTZE
FÜR COOLE BOYS

GRÖSSE
Die Mütze hat einen Umfang von etwa 56cm.

MATERIAL
Rico Creative Bonbon super chunky
Farbe 002 (Multi Grau) 100g
Rico Häkelnadel 10mm

GRUNDMUSTER
halbe Stäbchen

MASCHENPROBE IM GRUNDMUSTER
8 Maschen und 6 Runden = 10 x 10cm

ANLEITUNG
Die Mütze wird aus halben Stäbchen gehäkelt. 6 feste Maschen in einen Fadenring häkeln und mit 1 Kettmasche zur Runde schließen.
1. Runde: Alle Maschen verdoppeln, d. h. in jede Masche der Vorrunde 2 halbe Stäbchen häkeln = 14 Maschen.
2. Runde: Jede 2. Masche verdoppeln, d. h. in jede 2. Masche der Vorrunde 2 halbe Stäbchen häkeln = 21 Maschen.
3. Runde: Jede 3. Masche verdoppeln, d. h. in jede 3. Masche der Vorrunde 2 halbe Stäbchen häkeln = 28 Maschen.
4. Runde: Jede 7. Masche verdoppeln, d. h. in jede 7. Masche der Vorrunde 2 halbe Stäbchen häkeln = 32 Maschen.
5. Runde: Jede 8. Masche verdoppeln, d. h. in jede 8. Masche der Vorrunde 2 halbe Stäbchen häkeln = 36 Maschen.
6. – 14. Runde: Ohne Zunahmen halbe Stäbchen häkeln.

FERTIGSTELLUNG
Die Mütze anfeuchten, in Form ziehen und trocknen lassen. Alle Fäden vernähen. Einen Pompon von etwa 9cm Größe herstellen und an die Mützenspitze nähen.

MODELL 16
HÄKELLOOP FÜR COOLE BOYS

GRÖSSE
ca. 60 x 24cm

MATERIAL
Rico Creative Bonbon super chunky
Farbe 002 (Multi Grau) 200g
Rico Häkelnadel 10mm

GRUNDMUSTER
halbe Stäbchen

MASCHENPROBE IM GRUNDMUSTER
8 Maschen und 6 Reihen = 10 x 10cm

ANLEITUNG
18 Luftmaschen + 2 Wendeluftmaschen anschlagen und halbe Stäbchen arbeiten. Am Ende jeder Reihe 2 Wendeluftmaschen arbeiten. Nach ca. 120cm Gesamtlänge den Loop beenden und die beiden schmalen Seiten mit festen Maschen zusammenhäkeln.

FERTIGSTELLUNG
Den Loop laut Größenangaben spannen, anfeuchten und trocknen lassen. Alle Fäden vernähen.

MODELL 15/16
HÄKELMÜTZE
HÄKELLOOP
HALBE STÄBCHEN

MODELL 15
HÄKELMÜTZE FÜR COOLE KIDS

GRÖSSE
Die Mütze hat einen Umfang von etwa 52cm für Kinder von ca. 4 Jahren.

MATERIAL
Rico Creative Bonbon super chunky
Farbe 003 (Multi Pink) 100g
alternativ Farbe 006 (Multi Türkis) 100g
Rico Häkelnadel 10mm

GRUNDMUSTER
halbe Stäbchen

MASCHENPROBE IM GRUNDMUSTER
8 Maschen und 6 Runden = 10 x 10cm

ANLEITUNG
Die Mütze wird aus halben Stäbchen gehäkelt. 5 feste Maschen in einen Fadenring häkeln und mit 1 Kettmasche zur Runde schließen.
1. Runde: Alle Maschen verdoppeln, d. h. in jede Masche der Vorrunde 2 halbe Stäbchen häkeln = 12 Maschen.
2. Runde: Jede 2. Masche verdoppeln, d. h. in jede 2. Masche der Vorrunde 2 halbe Stäbchen häkeln = 18 Maschen.
3. Runde: Jede 3. Masche verdoppeln, d. h. in jede 3. Masche der Vorrunde 2 halbe Stäbchen häkeln = 24 Maschen.
4. Runde: Jede 6. Masche verdoppeln, d. h. in jede 6. Masche der Vorrunde 2 halbe Stäbchen häkeln = 28 Maschen.
5. Runde: Jede 14. Masche verdoppeln, d. h. in jede 14. Masche der Vorrunde 2 halbe Stäbchen häkeln = 30 Maschen.
6. – 13. Runde: Ohne Zunahmen halbe Stäbchen häkeln.

FERTIGSTELLUNG
Die Mütze anfeuchten, in Form ziehen und trocknen lassen. Alle Fäden vernähen. Einen Pompon von etwa 6cm Größe herstellen und an die Mützenspitze nähen.

MODELL 16
HÄKELLOOP
FÜR COOLE KIDS

GRÖSSE
ca. 30 x 15cm

MATERIAL
Rico Creative Bonbon super chunky
Farbe 003 (Multi Pink) 100g
alternativ Farbe 006 (Multi Türkis) 100g
Rico Häkelnadel 10mm

GRUNDMUSTER
halbe Stäbchen

MASCHENPROBE IM GRUNDMUSTER
8 Maschen und 6 Reihen = 10 x 10cm

ANLEITUNG
12 Luftmaschen + 2 Wendeluftmaschen anschlagen und halbe Stäbchen arbeiten. Am Ende jeder Reihe 2 Wendeluftmaschen arbeiten. Nach ca. 60cm Gesamtlänge den Loop beenden und die beiden schmalen Seiten mit festen Maschen zusammenhäkeln.

FERTIGSTELLUNG
Den Loop laut Größenangaben spannen, anfeuchten und trocknen lassen. Alle Fäden vernähen.

MODELL 17

HÄKELMÜTZE STÄBCHEN

MODELL 17
HÄKELMÜTZE

GRÖSSE
Die Mütze hat einen Umfang von ca. 56cm.

MATERIAL
Rico Creative Bonbon super chunky
Farbe 003 (Multi Pink) 100g
Rico Häkelnadel 10mm
Rico Kunstfellpompon Farbe 007 (Pink)

GRUNDMUSTER
Stäbchen

MASCHENPROBE IM GRUNDMUSTER
7 Maschen und 5 Runden = 10 x 10cm

ANLEITUNG
4 Luftmaschen anschlagen, mit 1 Kettmasche zur Runde schließen und im Grundmuster arbeiten.
1. Runde: 12 Stäbchen in den Luftmaschenring arbeiten.
2. Runde: Alle Maschen verdoppeln, d. h. in jede Masche der Vorrunde 2 Stäbchen häkeln = 24 Maschen.
3. Runde: Jede 4. Masche verdoppeln, d. h. in jede 4. Masche der Vorrunde 2 Stäbchen häkeln = 30 Maschen.
4. Runde: Jede 6. Masche verdoppeln, d. h. in jede 6. Masche der Vorrunde 2 Stäbchen häkeln = 35 Maschen.
5. Runde: Jede 7. Masche verdoppeln, d. h. in jede 7. Masche der Vorrunde 2 Stäbchen häkeln = 40 Maschen.
6. – 12. Runde: Ohne Zunahmen Stäbchen häkeln.
13. – 14 Runde: Ohne Zunahmen feste Maschen häkeln.

FERTIGSTELLUNG
Die Mütze anfeuchten, in Form ziehen und trocknen lassen. Alle Fäden vernähen. Den Kunstfellpompon an die Mützenspitze nähen.

MODELL 18

HÄKELLOOP
HÄKELSCHRIFT

MODELL 18
HÄKELLOOP

GRÖSSE
ca. 30 x 44cm

MATERIAL
Rico Creative Bonbon super chunky
Farbe 003 (Multi Pink) 200g
Rico Häkelnadel 10mm

GRUNDMUSTER
Nach Häkelschrift arbeiten. Es sind Hinreihe und Rückreihe gezeichnet. Mit den Maschen vor dem Rapport beginnen, den Rapport fortlaufend wiederholen und mit den Maschen nach dem Rapport enden. Die 1. – 4. R fortlaufend wiederholen.

MASCHENPROBE IM GRUNDMUSTER
9 Maschen und 4 Reihen = 10 x 10cm

ANLEITUNG
27 Luftmaschen + 3 Wendeluftmaschen anschlagen und im Grundmuster arbeiten. Nach ca. 88cm Gesamtlänge den Loop beenden und die beiden Schmalseiten mit festen Maschen zusammenhäkeln.

FERTIGSTELLUNG
Den Loop laut Größenangaben spannen, anfeuchten und trocknen lassen. Alle Fäden vernähen.

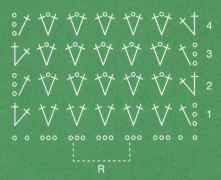

○ Luftmasche

† Stäbchen

wild wild wool

59

MODELL 19

HÄKELMÜTZE STÄBCHEN

MODELL 19
HÄKELMÜTZE FÜR LADIES

GRÖSSE
Die Mütze hat einen Umfang von ca. 59cm.

MATERIAL
Rico Essentials Super super chunky
Farbe 003 (Pink) 100g
Rico Häkelnadel 10mm

GRUNDMUSTER
Stäbchen

MASCHENPROBE IM GRUNDMUSTER
7 Maschen und 5 Runden = 10 x 10cm

ANLEITUNG
4 Luftmaschen anschlagen, mit 1 Kettmasche zur Runde schließen und im Grundmuster arbeiten.
1. Runde: 12 Stäbchen in den Luftmaschenring arbeiten.
2. Runde: Alle Maschen verdoppeln, d. h. in jede Masche der Vorrunde 2 Stäbchen häkeln = 24 Maschen.
3. Runde: Jede 4. Masche verdoppeln, d. h. in jede 4. Masche der Vorrunde 2 Stäbchen häkeln = 30 Maschen.
4. Runde: Jede 6. Masche verdoppeln, d. h. in jede 6. Masche der Vorrunde 2 Stäbchen häkeln = 35 Maschen.
5. Runde: Jede 7. Masche verdoppeln, d. h. in jede 7. Masche der Vorrunde 2 Stäbchen häkeln = 40 Maschen.
6. – 12. Runde: Ohne Zunahmen Stäbchen häkeln.
13. – 14 Runde: Ohne Zunahmen feste Maschen häkeln.

FERTIGSTELLUNG
Die Mütze anfeuchten, in Form ziehen und trocknen lassen. Alle Fäden vernähen.

MODELL 20
HÄKELMÜTZE STÄBCHEN

MODELL 20
HÄKELMÜTZE IN TOLLEN STREIFEN UND SAGENHAFTEN FARBEN

GRÖSSE
Die Mütze hat einen Umfang von ca. 59cm.

MATERIAL
Rico Essentials Big, je Farbe 50g
Farbe 025 (Neon-Orange)
Farbe 021 (Holz)
Farbe 016 (Puder)
Farbe 028 (Pink)
Farbe 012 (Natur)
Farbe 029 (Melone)
Farbe 031 (Zimt)
Farbe 018 (Mint)
Farbe 020 (Camel)
Farbe 022 (Hellgrau)
Farbe 023 (Steingrau)
Rico Häkelnadel 10mm

STREIFENFOLGE
2 Runden 025 (Neon-Orange), 1 Runde 021 (Holz), 1 Runde 016 (Puder), 1 Runde 028 (Pink), 1 Runde 012 (Natur), 1 Runde 029 (Melone), 1 Runde 031 (Zimt), 1 Runde 018 (Mint), 1 Runde 020 (Camel), 1 Runde 022 (Hellgrau), 3 Runden 023 (Steingrau)

GRUNDMUSTER
Stäbchen

MASCHENPROBE IM GRUNDMUSTER
8 Maschen und 5 Reihen = 10 x 10cm

ANLEITUNG
4 Luftmaschen in Neon-Orange anschlagen, zur Runde schließen und im Grundmuster arbeiten. Die Streifenfolge einhalten.
1. Runde: 12 Stäbchen in den Luftmaschenring arbeiten.
2. Runde: Alle Maschen verdoppeln, d. h. in jede Masche der Vorrunde 2 Stäbchen häkeln = 24 Maschen.
3. Runde: Jede 4. Masche verdoppeln, d. h. in jede 4. Masche der Vorrunde 2 Stäbchen häkeln = 30 Maschen.
4. Runde: Jede 6. Masche verdoppeln, d. h. in jede 6. Masche der Vorrunde 2 Stäbchen häkeln = 35 Maschen.
5. Runde: Jede 7. Masche verdoppeln, d. h. in jede 7. Masche der Vorrunde 2 Stäbchen häkeln = 40 Maschen.
6. – 12. Runde: Ohne Zunahmen Stäbchen häkeln.
13. – 14. Runde: Ohne Zunahmen feste Maschen häkeln.

FERTIGSTELLUNG
Die Mütze anfeuchten, in Form ziehen und trocknen lassen. Alle Fäden vernähen.

wild wild wool

STRICKEN

STRICKEN

MASCHEN AUFNEHMEN

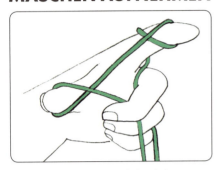

Genügend Garn vom Knäuel abwickeln. Den Faden um die Finger der linken Hand legen, von vorn nach hinten einmal um den Daumen schlingen und das Ende zwischen Mittel- und Ringfinger halten.

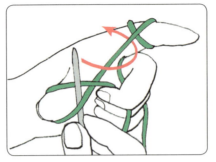

Die Stricknadel von unten in die Daumenschlinge einstechen und anschließend von vorne nach hinten den Faden erfassen, der zwischen Daumen und Zeigefinger verläuft.

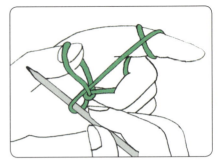

Den Faden durch die Daumenschlinge ziehen. Dabei die Schlinge vom Daumen gleiten lassen und vorsichtig festziehen.

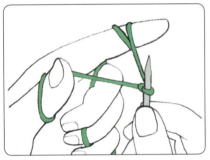

Dann eine neue Schlinge um den Daumen legen.

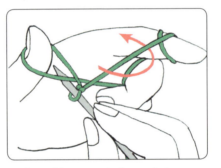

Mit der Nadel von unten in die neue Fadenschlinge fahren, wieder den Faden vom Zeigefinger holen und durch die Daumenschlinge ziehen.

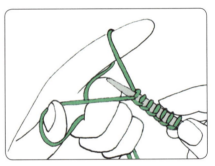

Weiter so verfahren, bis genügend Maschen auf der Nadel sind.

RECHTE MASCHE

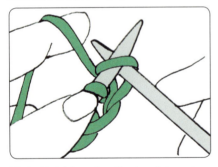

Mit der Nadel der rechten Hand von links nach rechts in die Masche einstechen.

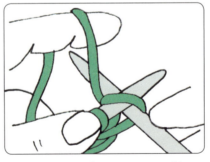

Den Faden vom Zeigefinger von vorne nach hinten um die Nadel legen.

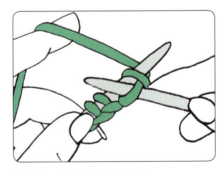

Den Faden durch die Masche ziehen.

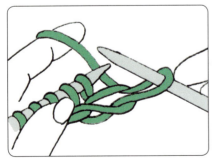

Die Masche dann vorsichtig von der linken Nadel gleiten lassen.

LINKE MASCHE

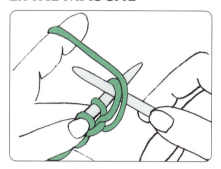 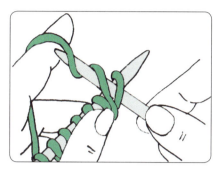 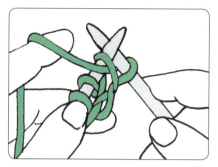

Den Faden vor die Maschen der linken Nadel legen. Mit der rechten Nadel von rechts hinter dem Faden in die Masche einstechen.

Den Faden vom Zeigefinger von vorne nach hinten um die Nadel legen.

Den Faden durch die Masche ziehen und die Masche dann vorsichtig von der linken Nadel gleiten lassen.

ABNEHMEN

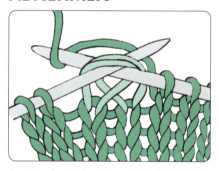 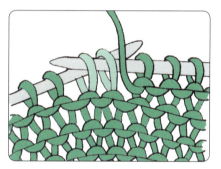

Zwei Maschen rechts zusammenstricken: Mit der rechten Nadel von links nach rechts in zwei Maschen einstechen. Den Faden wie bei einer rechten Masche durch beide Maschen ziehen. Die Maschen von der linken Nadel heben.

Zwei Maschen links zusammenstricken: Mit der rechten Nadel von rechts nach links in zwei Maschen einstechen. Den Faden wie bei einer linken Masche durch beide Maschen ziehen. Die Maschen von der linken Nadel heben.

MASCHEN ABKETTEN

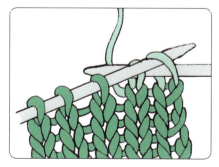 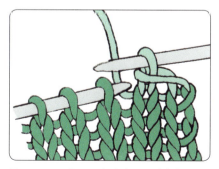

Zwei Maschen stricken. Mit der Nadel in die erste Masche von links nach rechts einstechen. Dann die Masche über die bereits gestrickte Masche ziehen.

Die erste Masche von der linken Nadel gleiten lassen. Wenn alle Maschen abgekettet sind, den Faden abschneiden und die letzte Masche mit der Nadel herausziehen.

MODELL 21/22/23
BOMMELMÜTZE, SCHAL & STULPEN STRICKEN

wild wild wool

MODELL 21
BOMMELMÜTZE

GRÖSSE
Die Mütze hat einen Umfang von ca. 58cm.

MATERIAL
Rico Essentials Big
Farbe 029 (Melone) 150g
Rico Rundstricknadel 8mm, 60cm lang

GRUNDMUSTER
Kraus rechts in Runden: 1. Runde rechte Maschen stricken, 2. Runde linke Maschen stricken
1. und 2. Runde fortlaufend wiederholen

MASCHENPROBE IM GRUNDMUSTER
10 Maschen und 22 Runden = 10 x 10cm

ANLEITUNG
54 Maschen anschlagen, zur Runde schließen und im Grundmuster stricken. In einer Höhe von 14cm mit den Abnahmen beginnen. Dafür jede 8. und 9. Masche rechts zusammenstricken = 48 Maschen. Dann 5 Runden ohne Abnahmen stricken. In der nächsten Runde jede 7. und 8. Masche rechts zusammenstricken = 42 Maschen. Dann wieder 3 Runden ohne Abnahmen stricken und dann jede 6. und 7. Masche rechts zusammenstricken = 36 Maschen. Jetzt 1 Runde ohne Abnahmen stricken, dann jede 5. und 6. Masche rechts zusammenstricken = 30 Maschen. Wieder 1 Runde ohne Abnahmen stricken, dann jede 4. und 5. Masche rechts zusammenstricken, das ergibt 24 Maschen. Dann, nach 1 Runde ohne Abnahmen in den folgenden 2 Runden immer jeweils 2 Maschen rechts bzw. links zusammenstricken. Nach den 2 Runden sind dann noch 6 Maschen auf der Nadel. Nun den Faden großzügig abschneiden und durch die restlichen Maschen fest nach innen ziehen.

FERTIGSTELLUNG
Die Mütze anfeuchten und vorsichtig in Form ziehen, trocknen lassen. Einen Pompon mit einem Außendurchmesser von ca. 12cm und einem Innendurchmesser von ca. 3cm herstellen und an die Mütze nähen.

MODELL 22
SCHAL

GRÖSSE
ca. 20 x 200cm

MATERIAL
Rico Essentials Big
Farbe 029 (Melone) 400g
Rico Stricknadeln 8mm

GRUNDMUSTER
Kraus rechts: nur rechte Maschen stricken

MASCHENPROBE IM GRUNDMUSTER
10 Maschen und 22 Reihen = 10 x 10cm

ANLEITUNG
22 Maschen anschlagen und im Grundmuster stricken. In einer Höhe von 200cm alle Maschen gerade abketten.

FERTIGSTELLUNG
Den Schal anfeuchten und laut Größenangabe in Form ziehen, trocknen lassen. An die kurzen Enden des Schals je 5 etwa 25cm lange Fransen, bestehend aus jeweils 6 Fäden, anknoten.

MODELL 23
STULPEN

GRÖSSE
ca. 30cm

MATERIAL
Rico Essentials Big
Farbe 029 (Melone) 150g
Rico Nadelspiel 8mm

GRUNDMUSTER
Kraus rechts in Runden: 1. Runde rechte Maschen stricken, 2. Runde linke Maschen stricken
1. und 2. Runde fortlaufend wiederholen

MASCHENPROBE IM GRUNDMUSTER
10 Maschen und 22 Runden = 10 x 10cm

ANLEITUNG
22 Maschen anschlagen und gleichmäßig auf die Nadel des Nadelspiels verteilen. Zur Runde schließen und im Grundmuster stricken. In einer Höhe von 30cm alle Maschen gerade abketten. Den zweiten Stulpen ebenso stricken.

FERTIGSTELLUNG
Die Stulpen anfeuchten und in Form ziehen, trocknen lassen. Die Fäden vernähen.

MODELL 24/25

MÜTZE UND SCHAL STRICKEN

MODELL 24
MÜTZE

GRÖSSE
Die Mütze hat einen Umfang von ca. 59cm.

MATERIAL
Rico Essentials Big
Farbe 031 (Zimt) 100g
Rico Kunstfellpompon Farbe 003 (Hellbraun)
Rico Rundstricknadel 10mm, Länge 60cm

GRUNDMUSTER
RIPPENMUSTER IN RUNDEN
2 Maschen rechts, 2 Maschen links im Wechsel stricken

KRAUS RECHTS IN RUNDEN
1 Runde rechte Maschen und 1 Runde linke Maschen im Wechsel stricken

GLATT RECHTS IN RUNDEN
rechte Maschen stricken

GLATT LINKS IN RUNDEN
linke Maschen stricken

MUSTEREINTEILUNG
2 Maschen glatt rechts, 6 Maschen kraus rechts, 2 Maschen glatt rechts, 6 Maschen glatt links. Diese 16 Maschen noch 2x wiederholen.

MASCHENPROBE GLATT RECHTS
11 Maschen und 16 Reihen = 10 x 10cm

ANLEITUNG
48 Maschen anschlagen, zur Runde schließen und 12cm im Rippenmuster arbeiten. Dann in der Mustereinteilung weiter stricken. Nach 16cm Gesamtlänge in der folgenden Runde bei den jeweils 6 Maschen kraus rechts und bei den jeweils 6 Maschen glatt links immer 2 Maschen mustergemäß zusammenstricken (= 30 Maschen). 2 Runden ohne Abnahmen arbeiten. Dann in der folgenden Runde die 3 Maschen zwischen den glatt rechts Rippen mustergemäß zusammenstricken Den Faden durch die restlichen 18 Maschen ziehen und die Fäden vernähen.

FERTIGSTELLUNG
Die Mütze anfeuchten, in Form ziehen und trocknen lassen. Den Kunstfellpompon an die Spitze nähen und den Bund zur Hälfte umschlagen.

MODELL 25
SCHAL

GRÖSSE
ca. 220cm lang (ohne Fransen) und 20cm breit

MATERIAL
Rico Essentials Big
Farbe 031 (Zimt) 300g
Rico Stricknadel 10mm

GRUNDMUSTER
RIPPENMUSTER
Hinreihe: 1 Masche rechts, 1 Masche links im Wechsel stricken
Rückreihe: Maschen stricken wie sie erscheinen.

KRAUS RECHTS
Hinreihe und Rückreihe rechte Maschen stricken

GLATT LINKS
Hinreihe: linke Maschen stricken
Rückreihe: rechte Maschen stricken

MUSTERFOLGE
14 Reihen Rippenmuster
18 Reihen kraus rechts
14 Reihen Rippenmuster
12 Reihen glatt links
Diese 58 Reihen insgesamt 4x wiederholen. Dann die ersten 46 Reihen der Musterfolge arbeiten.

MASCHENPROBE GLATT RECHTS
11 Maschen und 16 Reihen = 10 x 10cm

ANLEITUNG
22 Maschen anschlagen und zwischen den Randmaschen in der Musterfolge arbeiten. Dann alle Maschen abketten.

FERTIGSTELLUNG
Den Schal laut Maßangaben spannen, anfeuchten und trocknen lassen. Alle Fäden vernähen und an beide Enden Fransen von ca. 22cm Länge knoten.

MODELL 26

PUDELMÜTZE STRICKEN

MODELL 26 PUDELMÜTZE

GRÖSSE
Die Mütze hat einen Umfang von ca. 58cm.

MATERIAL
Rico Essentials Big
Farbe 012 (Natur) 100g
Rico Nadelspiel 10mm

GRUNDMUSTER
Perlmuster (gerade Maschenzahl)
1. Runde: 1 Masche rechts, 1 Masche links im Wechsel stricken
2. Runde: 1 Masche links, 1 Masche rechts im Wechsel stricken
Die 1. und 2. Runde fortlaufend wiederholen

RIPPENMUSTER
1 Masche rechts, 1 Masche links im Wechsel stricken

MASCHENPROBE IM GRUNDMUSTER
10 Maschen und 20 Reihen = 10 x 10cm

ANLEITUNG
48 Maschen anschlagen und zur Runde schließen. Im Rippenmuster stricken und nach 3 Runden im Grundmuster weiterarbeiten. In einer Gesamthöhe von etwa 12cm mit den Abnahmen beginnen. Dafür jede 7. und 8. Masche rechts zusammenstricken = 42 Maschen.
Die nächste Runde ohne Abnahmen stricken, dabei die in der vergangenen Runde zusammengestrickten Maschen rechts stricken. Die Abnahmen in jeder 2. Runde arbeiten. Dafür zunächst jeweils jede 6. und 7. Masche (= 36 Maschen), dann jede 5. und 6. (= 30 Maschen), 4. und 5. (= 24 Maschen) und jede 3. und 4. Masche zusammenstricken (= 18 Maschen).
Die Runden ohne Abnahmen jeweils wie oben beschrieben stricken. In der letzten Runde jeweils 2 Maschen rechts zusammenstricken. Den Faden großzügig abschneiden, durch die restlichen 9 Maschen nach innen ziehen und vernähen.

FERTIGSTELLUNG
Die Mütze anfeuchten und in Form ziehen, trocknen lassen. Einen Pompon mit einem Außendurchmesser von ca. 7cm herstellen und an die Mütze nähen.

MODELL 27

HOOD
STRICKEN

MODELL 27
HOOD
FÜR KINDER, DAMEN & HERREN

GRÖSSEN
Der Hood hat einen Umfang von
ca. 46 (52 / 56) cm

MATERIAL
Rico Essentials Big
Kinderhood: Farbe 022 (Hellgrau) 150g
Damenhood: Farbe 020 (Camel) 200g
Herrenhood: Farbe 021 (Holz) 200g
Rico Rundstricknadel 8mm, 60cm lang

GRUNDMUSTER IN REIHEN
kraus rechts
nur rechte Maschen stricken

GRUNDMUSTER IN RUNDEN
kraus rechts
1 Runde rechte Maschen stricken,
1 Runde linke Maschen stricken

RIPPENMUSTER IN RUNDEN
1 Masche links, 1 Masche rechts im Wechsel stricken

MASCHENPROBE IM GRUNDMUSTER
10 Maschen und 22 Reihen = 10 x 10cm

ANLEITUNG
32 (36 / 40) Maschen anschlagen und in Reihen kraus rechts stricken.
1. + 2. Reihe: Kraus rechts stricken.
3. + 4. Reihe: Randmasche, 15 (17 / 19) Maschen rechts, 1 Masche aus dem Querfaden herausstricken, rechte Maschen bis Reihenende stricken, Randmasche = 34 (38 / 42) Maschen.
5. + 6. Reihe: Randmasche, 16 (18 / 20) Maschen rechts, 1 Masche aus dem Querfaden herausstricken, rechte Maschen bis Reihenende stricken, Randmasche = 36 (40 / 44) Maschen.
7. + 8. Reihe: Randmasche, 17 (19 / 21) Maschen rechts, 1 Masche aus dem Querfaden herausstricken, rechte Maschen bis Reihenende stricken, Randmasche = 38 (42 / 46) Maschen.
9. + 10. Reihe: Randmasche, 18 (20 / 22) Maschen rechts, 1 Masche aus dem Querfaden herausstricken, rechte Maschen bis Reihenende stricken, Randmasche = 40 (44 / 48) Maschen.
Weiter kraus rechts in Reihen arbeiten.
Nach etwa 20 (22 / 24) cm Länge in den folgenden 4 Reihen jeweils beidseitig 1x1 Maschen zunehmen = 48 (52 / 56) Maschen. Am Anfang der nächsten Hinreihe 2 (4 / 4) Maschen zusätzlich anschlagen und am Reihenende alle Maschen zur Runde schließen = 50 (56 / 60) Maschen.

1. – 3. (1. – 5. / 1. – 5.) Runde: Kraus rechts arbeiten.
4. (6. / 6.) Runde: Die 1. + 2. (4. + 5. / 4. + 5.) Masche und die 27. + 28. (29. + 30. / 31. + 32.) Masche zusammenstricken = 48 (54 / 58) Maschen.

5. (7. / 7.) Runde: Die 1. + 2. (3. + 4. / 3. + 4.) Masche und die 26. + 27. (28. + 29. / 30. + 31.) Masche zusammenstricken = 46 (52 / 56) Maschen.
6. (0. / 0.) Runde: Die 1. + 2. (2. + 3. / 2. + 3.) Masche und die 25. + 26. (27. + 28. / 29. + 30.) Masche zusammenstricken = 44 (50 / 54) Maschen. Nun 10 (12 / 14) cm im Rippenmuster (1 Masche rechts, 1 Masche links) stricken und alle Maschen locker abketten.

FERTIGSTELLUNG
Die Naht schließen und alle Fäden vernähen. Den Hood anfeuchten, in Form ziehen und trocknen lassen.

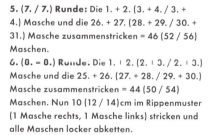

MODELL 28
RINGELMÜTZE STRICKEN

MODELL 28
RINGELMÜTZE FÜR BOYS & GIRLS

GRÖSSE
Die Mütze hat einen Umfang von ca. 52cm.

MATERIAL
Rico Essentials Big
Rico Rundstricknadel 8mm, 60cm lang

VARIANTE 1
Farbe A: 031 (Zimt) 50g
Farbe B: 029 (Melone) 50g
Rico Kunstfellpompon Farbe 008 (Koralle)

VARIANTE 2
Farbe A: 022 (Hellgrau) 50g
Farbe B: 034 (Türkis) 50g
Rico Kunstfellpompon Farbe 010 (Petrol)

VARIANTE 3
Farbe A: 022 (Hellgrau) 50g
Farbe B: 027 (Neongrün) 50g

VARIANTE 4
Farbe A: 023 (Steingrau) 50g
Farbe B: 025 (Neonorange) 50g

GRUNDMUSTER
glatt rechts in Runden
nur rechte Maschen stricken

RIPPENMUSTER
1 Masche rechts, 1 Masche links im Wechsel stricken

MASCHENPROBE IM GRUNDMUSTER
11 Maschen und 16 Reihen = 10 x 10cm

STREIFENFOLGE IM GRUNDMUSTER
2 Reihen Farbe B, 2 Reihen Farbe A

ANLEITUNG
42 Maschen in Farbe A anschlagen und zur Runde schließen. Im Rippenmuster stricken. In einer Höhe von 5cm im Grundmuster weiterarbeiten und ab jetzt die Streifenfolge einhalten. Für die Abnahmen in einer Gesamthöhe von 16cm jede 6. und 7. Masche rechts zusammenstricken. Nach einer Runde ohne Abnahmen jede 5. und 6. Masche rechts zusammenstricken. Weiter in jeder 2. Runde erst jede 4. und 5. Masche, dann jede 3. und 4. Masche und noch jede 2. und 3. Masche rechts zusammenstricken. In der nächsten Runde immer 2 Maschen rechts zusammenstricken, den Faden großzügig abschneiden durch die restlichen 6 Maschen nach innen ziehen und vernähen.

FERTIGSTELLUNG
Die Mütze anfeuchten und in Form ziehen, trocknen lassen. Den Kunstfellpompon an die Spitze der Mütze nähen.

wild wild wool

MODELL 28

RINGELMÜTZE STRICKEN

wild wild wool

MODELL 29/30
DREIECKSTUCH
PATENTMÜTZE
STRICKEN

MODELL 29
DREIECKSTUCH

GRÖSSE
ca. 60 x 160cm

MATERIAL
Rico Creative Bonbon super chunky
Farbe 003 (Multi Pink) 400g
Rico Rundstricknadel 10mm, 100cm lang

GRUNDMUSTER
glatt rechts
Hinreihe: rechte Maschen stricken
Rückreihe: linke Maschen stricken

MASCHENPROBE IM GRUNDMUSTER
9 Maschen und 12 Reihen = 10 x 10cm

ANLEITUNG
147 Maschen anschlagen und 1 Rückreihe rechte Maschen stricken. Weiter im Grundmuster arbeiten und in der 3. Reihe mit den Abnahmen für die Schrägung beginnen. Diese wie folgt arbeiten:
Am Reihenanfang: Randmasche, 2 Maschen rechts zusammenstricken, bis 3 Maschen vor Reihenende stricken, 2 Maschen überzogen zusammenstricken (1 Masche wie zum rechts stricken abheben, 1 Masche rechts, die abgehobene Masche über die gestrickte Masche ziehen), Randmasche. Die Abnahmen werden beidseitig in jeder 2. Reihe gearbeitet. In einer Höhe von etwa 60cm die letzten 3 Maschen abketten.

FERTIGSTELLUNG
Das Tuch laut Größenangabe spannen und anfeuchten, trocknen lassen.

MODELL 30
PATENTMÜTZE

GRÖSSE
Die Mütze hat einen Umfang von ca. 56cm.

MATERIAL
Rico Creative Bonbon super chunky
Farbe 003 (Multi Pink) 100g
Rico Rundstricknadel 10mm, 60cm lang

GRUNDMUSTER
Patentmuster (gerade Maschenzahl)
1. Runde: 1 Masche rechts, 1 Masche links im Wechsel stricken
2. Runde: *1 Masche und 1 Umschlag wie zum links stricken abheben; 1 Masche links; ab* wiederholen
3. Runde: *Umschlag und 1 Masche rechts zusammenstricken, 1 Masche und 1 Umschlag wie zum links stricken abheben; ab* wiederholen
4. Runde: *1 Masche und 1 Umschlag wie zum links stricken abheben, Umschlag und 1 Masche links zusammenstricken; ab* wiederholen
Die 3. und 4. Runde fortlaufend wiederholen.

RIPPENMUSTER
1 Masche rechts, 1 Masche links im Wechsel stricken

MASCHENPROBE IM GRUNDMUSTER
7 Maschen und 11 Runden = 10 x 10cm

ANLEITUNG
44 Maschen anschlagen und zur Runde schließen. Im Rippenmuster stricken. In einer Höhe von 5cm in einer Runde gleichmäßig verteilt 8x2 Maschen rechts zusammenstricken (= 36 Maschen) und im Grundmuster weiterstricken. In der 8. Runde die 9. und 10. Masche links zusammenstricken und die 25. und 26. Masche links zusammenstricken, dann in der nächsten Runde die 10. und 11. Masche rechts zusammenstricken und die 25. und 26. Masche rechts zusammenstricken (= 32 Maschen). Weiter ohne Abnahmen arbeiten. In der 15. Runde die 7. und 8. Masche rechts zusammenstricken und die 23. und 24. Masche rechts zusammenstricken, dann in der nächsten Runde die 8. und 9. Masche links zusammenstricken und die 23. und 24. Masche links zusammenstricken (= 28 Maschen). Weiter im Grundmuster stricken.
In einer Gesamthöhe von 20cm in einer Hinrunde jeweils 2 Maschen rechts zusammenstricken = 14 Maschen. Den Faden großzügig abschneiden, durch die restlichen Maschen ziehen und vernähen.

FERTIGSTELLUNG
Die Mütze anfeuchten, in Form ziehen und trocknen lassen. Alle Fäden vernähen.

wild wild wool

MODELL 31
FÄUSTLINGE STRICKEN

MODELL 31 FÄUSTLINGE

GRÖSSE
Einheitsgröße

MATERIAL
Rico Creative Bonbon super chunky
Farbe 003 (Multi Pink) 100g
Rico Nadelspiel 10mm

GRUNDMUSTER
glatt rechts in Runden
rechte Maschen stricken

RIPPENMUSTER
2 Maschen rechts, 2 Maschen links im Wechsel stricken

MASCHENPROBE IM GRUNDMUSTER
9 Maschen und 12 Reihen = 10 x 10cm

RECHTER FÄUSTLING
16 Maschen anschlagen, gleichmäßig auf das Nadelspiel verteilen und zur Runde schließen. Im Rippenmuster 10cm stricken. Weiter im Grundmuster stricken und gleichzeitig mit den Zunahmen für den Daumenkeil beginnen. Der Daumenkeil wird am Anfang der ersten Nadel gestrickt: Die Maschen der nächsten Runde wie folgt einteilen: 1 Masche im Grundmuster, aus dem Querfaden 1 Masche verschränkt herausstricken, 1 Masche im Grundmuster, aus dem Querfaden zur nächsten Masche 1 Masche verschränkt herausstricken, 14 Maschen Grundmuster. Diese Zunahmerunde in jeder 3. Runde insgesamt 2 x arbeiten = 20 Maschen. Die Zunahmen werden immer jeweils am Anfang und am Ende des Keils vorgenommen. So verändern sich nur die Maschen im Keil, die anderen bleiben unverändert. 1 Runde über alle Maschen stricken und dann die 5 Maschen des Keils auf einem Hilfsfaden stilllegen. In der folgenden Runde 1 Masche stricken, dann für den Zwickel 5 Maschen neu anschlagen (auf der 1. Nadel sind nun 9 Maschen) und die Runde beenden. Jetzt mit den Abnahmen für den Zwickel beginnen. Es wird in jeder 2. Runde abgenommen. 1 Masche rechts stricken, 1 Masche rechts abheben, 1 Masche rechts stricken, die abgehobene Masche über die gestrickte Masche ziehen, 1 Masche rechts, 2 Maschen rechts zusammenstricken, die Runde beenden. In der übernächsten Runde wird wie folgt abgenommen: 1 Masche rechts abheben, 2 Maschen rechts zusammenstricken, die abgehobene über die zusammengestrickten Maschen ziehen. Nun sind wieder 5 Maschen auf der Nadel. Etwa 8cm (bis zum Ende des kleinen Fingers) über die 16 Maschen stricken. Für die Spitze 4 x in jeder Reihe auf der 1. und 3. Nadel die 2. und 3. Masche zusammenstricken und auf der 2. u. 4. Nadel die 3. und 2. letzte Masche zusammenstricken. Die letzten 8 Maschen von beiden Seiten zusammenstricken und den Faden durch die letzte Masche ziehen. Für den Daumen von den stillgelegten Maschen 2 Maschen im Grundmuster str., 5 Maschen aus dem Zwickel herausstricken und wieder 3 Maschen aus den stillgelegten Maschen stricken = 10 Maschen. 4 Maschen des Zwickels wie oben beschrieben abnehmen = 6 Maschen. In einer Höhe von 4cm jeweils 2 Maschen zusammenstricken und durch die restlichen 4 Maschen den Faden nach innen ziehen und vernähen.

Den linken Fäustling gegengleich zum ersten stricken.

FERTIGSTELLUNG
Die Teile anfeuchten, in Form ziehen und trocknen lassen.

wild wild wool

MODELL 32/33

MÜTZE UND LOOP STRICKEN

MODELL 32
MÜTZE

GRÖSSE
Die Mütze hat einen Umfang von ca. 58cm.

MATERIAL
Rico Creative Bonbon super chunky
Farbe 006 (Multi Türkis) 100g
Rico Rundstricknadel 9mm, 60cm lang
Rico Rundstricknadel 10mm, 60cm lang

GRUNDMUSTER
Netzpatent (gerade Maschenanzahl)
1. Reihe (Rückreihe): Randmasche, *1 Masche mit 1 Umschlag links abheben, 1 Masche rechts; ab* fortlaufend wiederholen, Randmasche
2. Reihe: Randmasche, *2 Maschen rechts, den Umschlag der Vorreihe links abheben (Faden hinter der Arbeit); ab* fortlaufend wiederholen, Randmasche
3. Reihe: Randmasche, *1 Masche mit dem Umschlag rechts zusammenstricken, 1 Masche mit 1 Umschlag links abheben; ab* fortlaufend wiederholen, Randmasche
4. Reihe: Randmasche, *1 Masche rechts, den Umschlag der Vorreihe links abheben, 1 Masche rechts; ab* fortlaufend wiederholen, Randmasche
5. Reihe: Randmasche, *1 Masche mit 1 Umschlag links abheben, 1 Masche mit dem Umschlag rechts zusammenstricken; ab* fortlaufend wiederholen, Randmasche
1 x die 1. – 5. Reihe stricken, dann die 2. – 5. Reihe fortlaufend wiederholen.

RIPPENMUSTER
2 Maschen rechts, 2 Maschen links im Wechsel stricken

MASCHENPROBE IM GRUNDMUSTER
9 Maschen und 20 Reihen = 10 x 10cm

ANLEITUNG
38 Maschen mit Nadeln 9mm anschlagen und im Rippenmuster stricken. Nach 13 Reihen im Grundmuster mit Nadeln 10mm weiterarbeiten. 1 x die 1. – 5. Reihe, 4 x die 2. – 5. und 1 x die 2. – 4. Reihe stricken = 24 Reihen. Weiter laut Strickschrift arbeiten. Den Faden großzügig abschneiden und durch die restlichen 6 Maschen ziehen.

FERTIGSTELLUNG
Die Mütze laut Größenangabe anfeuchten, in Form ziehen und trocknen lassen. Die Naht schließen.

MODELL 33
LOOP

GRÖSSE
ca. 65cm breit und 45cm hoch

MATERIAL
Rico Creative Bonbon super chunky
Farbe 006 (Multi Türkis) 200g
Rico Stricknadel 9mm

GRUNDMUSTER
Netzpatent (gerade Maschenanzahl)
1. Reihe (Rückreihe): Randmasche, *1 Masche mit 1 Umschlag links abheben, 1 Masche rechts; ab * fortlaufend wiederholen, Randmasche
2. Reihe: Randmasche, *2 Maschen rechts, den Umschlag der Vorreihe links abheben (Faden hinter der Arbeit); ab * fortlaufend wiederholen, Randmasche
3. Reihe: Randmasche, *1 Masche mit dem Umschlag rechts zusammenstricken, 1 Masche mit 1 Umschlag links abheben; ab * fortlaufend wiederholen, Randmasche
4. Reihe: Randmasche, *1 Masche rechts, den Umschlag der Vorreihe links abheben, 1 Masche rechts; ab* fortlaufend wiederholen, Randmasche
5. Reihe: Randmasche, *1 Masche mit 1 Umschlag links abheben, 1 Masche mit dem Umschlag rechts zusammenstricken; ab * fortlaufend wiederholen, Randmasche
1 x die 1. – 5. Reihe stricken, dann die 2. – 5. Reihe fortlaufend wiederholen.

RIPPENMUSTER
2 Maschen rechts, 2 Maschen links im Wechsel stricken

MASCHENPROBE IM GRUNDMUSTER
9 Maschen und 20 Reihen = 10 x 10cm

ANLEITUNG
66 Maschen anschlagen und im Rippenmuster stricken.
In einer Höhe von etwa 3cm im Grundmuster weiterarbeiten. In einer Höhe von 42cm noch 3cm im Rippenmuster stricken. Alle Maschen gerade abketten.

FERTIGSTELLUNG
Den Schal laut Größenangabe anfeuchten, in Form ziehen und trocknen lassen.

U	1 Masche mit einem Umschlag links abheben
∧	Umschlag der Vorreihe links abheben
■	1 Masche rechts
+	Randmasche
−	1 Masche mit einem Umschlag rechts zusammenstricken
/	2 Maschen rechts zusammenstricken
□	keine Strickbedeutung

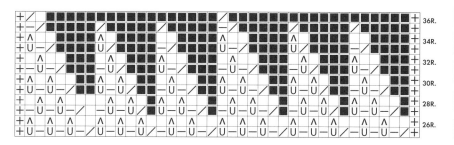

MODELL 34/35
PATENTMÜTZE
PATENTSCHAL
STRICKEN

MODELL 34
PATENTMÜTZE

GRÖSSE
Die Mütze hat einen Umfang von ca. 58cm.

MATERIAL
Rico Creative Bonbon super chunky
Farbe 004 (Multi Orange) 100g
Rico Rundstricknadel 10mm, 60cm lang

GRUNDMUSTER
Patentmuster (gerade Maschenzahl)
1. Runde: 1 Masche rechts, 1 Masche links im Wechsel stricken
2. Runde: *1 Masche und 1 Umschlag wie zum links stricken abheben; 1 Masche links; ab* wiederholen
3. Runde: *Umschlag und 1 Masche rechts zusammenstricken, 1 Masche und 1 Umschlag wie zum links stricken abheben; ab* wiederholen
4. Runde: *1 Masche und 1 Umschlag wie zum links stricken abheben, Umschlag und 1 Masche links zusammenstricken; ab* wiederholen
Die 3. und 4. Runde fortlaufend wiederholen

RIPPENMUSTER
1 Masche rechts, 1 Masche links im Wechsel stricken

MASCHENPROBE IM GRUNDMUSTER
6 Masche und 18 Reihen = 10 x 10cm

ANLEITUNG
44 Masche anschlagen und zur Runde schließen. Im Rippenmuster stricken. In einer Höhe von 5cm in einer Runde gleichmäßig verteilt 8 x 2 Maschen zusammenstricken (= 36 Maschen) und im Grundmuster weiterstricken. In einer Gesamthöhe von etwa 23cm in einer Hinreihe jeweils 2 Maschen zusammenstricken = 18 Maschen. Den Faden großzügig abschneiden, durch die restlichen Maschen nach innen ziehen und vernähen.

FERTIGSTELLUNG
Das Teil laut Größenangabe anfeuchten und in Form ziehen, trocknen lassen.

MODELL 35
PATENTSCHAL

GRÖSSE
leicht gedehnt gemessen ca. 38 x 180cm

MATERIAL
Rico Creative Bonbon super chunky
Farbe 004 (Multi Orange) 500g
Rico Stricknadel 10mm

GRUNDMUSTER
Patentmuster (gerade Maschenzahl)
1. Reihe: Randmasche, *1 Masche rechts, 1 Masche mit 1 Umschlag links abheben; ab* wiederholen, enden mit 1 Masche rechts, Randmasche.
2. Reihe: Randmasche, *1 Masche mit 1 Umschlag links abheben, folgende Masche mit Umschlag rechts zusammenstricken; ab* wiederholen, enden mit 1 Masche mit 1 Umschlag links abheben, Randmasche.
3. Reihe: Randmasche, * folgende Masche mit Umschlag rechts zusammenstricken, 1 Masche mit 1 Umschlag links abheben; ab * wiederholen, enden mit folgende Masche mit Umschlag rechts zusammenstricken, Randmasche.
Nach der 1. Reihe die 2. und 3. Reihe fortlaufend wiederholen.

RIPPENMUSTER
1 Masche rechts, 1 Masche links im Wechsel stricken

MASCHENPROBE IM GRUNDMUSTER
6 Maschen und 18 Reihen = 10 x 10cm

ANLEITUNG
26 Maschen anschlagen und im Rippenmuster stricken. In einer Höhe von 7cm im Grundmuster weiterstricken. In einer Gesamthöhe von etwa 172cm noch 7cm im Rippenmuster stricken. Alle Maschen gerade abketten.

FERTIGSTELLUNG
Das Teil laut Größenangabe anfeuchten und in Form ziehen, trocknen lassen.

MODELL 36

MÜTZE STRICKEN

MODELL 36
MÜTZE IM PERLMUSTER FÜR HERREN

GRÖSSE
Die Mütze hat einen Umfang von ca. 56cm.

MATERIAL
Rico Creative Bonbon super chunky
Farbe 007 (Multi Anthrazit) 100g
Rico Stricknadeln 8 und 10mm

GRUNDMUSTER
PERLMUSTER (ungerade Maschenzahl)
1. Reihe: 1 Masche rechts, 1 Masche links im Wechsel stricken
2. Reihe: 1 Masche rechts, 1 Masche links im Wechsel stricken
Die 1. und 2. Reihe fortlaufend wiederholen.

RIPPENMUSTER
Hinreihe: 1 Masche rechts, 1 Masche links im Wechsel stricken.
Rückreihe: Die Maschen stricken, wie sie erscheinen.

MASCHENPROBE IM PERLMUSTER
8 Maschen und 16 Reihen = 10 x 10cm

ANLEITUNG
Mit Nadeln 8mm 45 Maschen anschlagen und im Rippenmuster 4 Reihen stricken. Auf Nadeln 10mm wechseln und weiter im Perlmuster arbeiten. In 25cm Gesamthöhe alle Maschen mustergemäß abketten.

FERTIGSTELLUNG
Die Mütze laut Maßangaben spannen, anfeuchten und trocknen lassen. Die rückwärtige Naht schließen. Mit der Naht als hintere Mitte den oberen Teil der Mütze zusammennähen. Zwei Pompons mit 7cm Durchmesser anfertigen und an die Ecken der Mütze nähen.

MODELL 36/37

MÜTZE UND LOOP STRICKEN

MODELL 36
MÜTZE IM PERLMUSTER FÜR GROSSE UND KLEINE DAMEN

GRÖSSEN
Die Mütze hat einen Umfang von ca. 46 (51)cm.

MATERIAL
Rico Creative Bonbon super chunky
Farbe 002 (Multi Grau) 100g (100)g
Rico Stricknadeln 8 und 10mm

PERLMUSTER (ungerade Maschenzahl)
1. Reihe: 1 Masche rechts, 1 Masche links im Wechsel stricken
2. Reihe: 1 Masche rechts, 1 Masche links im Wechsel stricken
Die 1. und 2. Reihe fortlaufend wiederholen.

RIPPENMUSTER
Hinreihe: 1 Masche rechts, 1 Masche links im Wechsel stricken.
Rückreihe: Die Maschen stricken, wie sie erscheinen.

MASCHENPROBE IM PERLMUSTER
8 Maschen und 16 Reihen = 10 x 10cm

ANLEITUNG
Mit Nadeln 8mm 37 (41) Maschen anschlagen und im Rippenmuster 4 Reihen stricken. Auf Nadeln 10mm wechseln und weiter im Perlmuster arbeiten. In 22 (23)cm Gesamthöhe alle Maschen mustergemäß abketten.

FERTIGSTELLUNG
Die Mütze laut Maßangaben spannen, anfeuchten und trocknen lassen. Die rückwärtige Naht schließen. Mit der Naht als hintere Mitte den oberen Teil der Mütze zusammennähen. Zwei Pompons mit 7cm Durchmesser anfertigen und an die Ecken der Mütze nähen.

MODELL 37
LOOPSCHAL IM PERLMUSTER FÜR GROSSE UND KLEINE DAMEN

GRÖSSEN
Kleinkinder (Kinder / Teens / Damen)
15 x 99 (1 8x 113 / 20 x 127 / 22 x 141)cm

MATERIAL
Rico Creative Bonbon super chunky
Farbe 002 (Multi Grau) 100g
(100g / 200g / 200g)
Rico Stricknadeln 10mm

GRUNDMUSTER
Perlmuster – siehe Anleitung

MASCHENPROBE IM GRUNDMUSTER
8 Maschen und 16 Reihen = 10 x 10cm

ANLEITUNG
13 (15 / 17 / 19) Maschen anschlagen.
1. Reihe: *1 Masche rechts, 1 Masche links; ab ^ fortlaufend wiederholen, enden mit 1 Masche rechts.
Diese Reihe wiederholen, bis der Schal 99 (113 / 127 / 141)cm lang ist, alle Maschen mustergemäß abketten.

FERTIGSTELLUNG
Den Schal laut Maßangaben spannen und anfeuchten, trocknen lassen. Die Anschlagkante an die Abkettkante nähen.

MODELL 38/39
ZOPFMUSTERMÜTZE
LOCHMUSTERSCHAL
STRICKEN

MODELL 38
ZOPFMUSTERMÜTZE

GRÖSSEN
Kinder (Damen / Herren)
47cm (52cm / 57cm)

MATERIAL
Rico Essentials Super super chunky
Farbe 003 (Pink) 100g (100g / 100g)
Rico Stricknadeln 8 und 10mm
Rico Zopfmusternadel

GRUNDMUSTER
ZOPFMUSTER
siehe Anleitung

RIPPENMUSTER
Hinreihe: 1 Masche rechts, 1 Masche links im Wechsel stricken.
Rückreihe: Maschen stricken wie sie erscheinen.

MASCHENPROBE
Glatt rechts mit Nadeln 10mm
9 Maschen und 12 Reihen = 10 x 10cm
Im Gerstenkornmuster
9 Maschen und 13 Reihen = 10 x 10cm

ANLEITUNG
Für eine Mützenhälfte mit Nadeln 8mm 19 (21 / 23) Maschen anschlagen und im Rippenmuster 4 Reihen stricken, dabei in der letzten Reihe 1 Masche zunehmen = 20 (22 / 24) Maschen. Auf Nadeln 10mm wechseln und weiter im Zopfmuster stricken:
1. Reihe: (1 Masche links, 1 Masche rechts) 1x (1x / 2x), 2 (3 / 2) Maschen links, 2 Maschen rechts zusammenstricken, dabei die Maschen auf der linken Nadel lassen, die 1. Masche noch einmal rechts stricken, dann die Maschen von der linken Nadel gleiten lassen, 2 Maschen links, 4 Maschen rechts, 2 Maschen links, 2 Maschen rechts zusammenstricken, dabei die Maschen auf der linken Nadel lassen, die 1. Masche noch einmal rechts stricken, dann die Maschen von der linken Nadel gleiten lassen, 2 (3 / 2) Maschen links, (1 Masche rechts, 1 Masche links) 1x (1x / 2x).
2. Reihe: Alle Maschen stricken wie sie erscheinen.
3. Reihe: (1 Masche rechts, 1 Masche links) 1x (1x / 2x), 0 (1 / 0) Maschen rechts, 2 Maschen links, 2 Maschen rechts zusammenstricken, dabei die Maschen auf der linken Nadel lassen, die 1. Masche noch einmal rechts stricken, dann die Maschen von der linken Nadel gleiten lassen, 2 Maschen links, 2 Maschen auf der Zopfnadel vor die Arbeit legen, 2 Maschen rechts, dann die Maschen von der Zopfnadel rechts stricken, 2 Maschen links, 2 Maschen rechts zusammenstricken, dabei die Maschen auf der linken Nadel lassen, die 1. Masche noch einmal rechts stricken, dann die Maschen von der linken Nadel gleiten lassen, 2 Maschen links, 0 (1 / 0) Maschen rechts, (1 Masche links, 1 Masche rechts) 1x (1x / 2x).
4. Reihe: Alle Maschen stricken, wie sie erscheinen.

Die 1.–4. Reihe fortlaufend wiederholen, seitlich der Zopfmuster entsteht das Gerstenkornmuster. In 22cm (23cm / 25cm) Gesamthöhe alle Maschen mustergemäß abketten. Die zweite Mützenhälfte ebenso stricken.

FERTIGSTELLUNG
Die Mützenteile laut Maßangaben spannen, anfeuchten und trocknen lassen. Die Teile aufeinanderlegen und die Nähte schließen. Zwei Pompons von etwa 7cm Durchmesser anfertigen und an die Ecken der Mütze nähen.

MODELL 39
LOCHMUSTERSCHAL

GRÖSSEN
Kleinkinder (Kinder – Teens – Damen)
11 x 112cm (16 x 120cm / 16 x 126cm / 16 x 134cm)

MATERIAL
Rico Essentials Super super chunky
Farbe 003 (Pink) 100g (200g / 200g / 200g)
Rico Stricknadel 10mm

GRUNDMUSTER
Lochmuster – siehe Anleitung

MASCHENPROBE IM GRUNDMUSTER
12 Maschen und 11 Reihen = 10 x 10cm

ANLEITUNG
13 (19 / 19 / 19) Maschen anschlagen.
1. Reihe (Rückreihe): Linke Maschen stricken
2. Reihe: 1 Masche rechts, *1 Umschlag, 1 Masche rechts, 1 Masche rechts abheben, 2 Maschen rechts zusammenstricken, die abgehobene Masche überziehen, 1 Masche rechts, 1 Umschlag, 1 Masche rechts; ab * fortlaufend wiederholen. Die 1. und 2. Reihe fortlaufend wiederholen, bis der Schal 112cm (120cm / 126cm / 134cm) lang ist, dabei mit einer 2. Reihe enden. 1 Reihe linke Maschen stricken, dabei die Maschen abketten.

FERTIGSTELLUNG
Den Schal laut Maßangaben spannen und anfeuchten, trocknen lassen.

MODELL 40
LOOPSCHAL
IM ZOPFMUSTER
STRICKEN

MODELL 40
LOOPSCHAL IM ZOPFMUSTER

GRÖSSEN
Kinder (Teens / Damen)
17 x 120cm (18 x 130cm / 22 x 150cm)

MATERIAL
Rico Essentials Super super chunky
Farbe 006 (Smaragd) 100g (100g / 200g)
Rico Stricknadeln 10mm
Rico Zopfmusternadel

GRUNDMUSTER
Zopfmuster – siehe Anleitung

MASCHENPROBE IM GRUNDMUSTER
10 Maschen und 12 Reihen = 10 x 10cm.
Das Zopfmotiv ist 15cm breit.

ANLEITUNG
19 (21 / 25) Maschen anschlagen.
1. Reihe: 0 (0 / 2) Maschen rechts, 0 (0 / 2) Maschen links, 3 (4 / 2) Maschen rechts, 4 Maschen links, 3 Maschen auf der Zopfnadel hinter die Arbeit legen, 2 Maschen rechts, dann die Maschen von der Zopfnadel 1 Masche links und 2 Maschen rechts stricken, 4 Maschen links, 3 (4 / 2) Maschen rechts, 0 (0 / 2) Maschen links, 0 (0 / 2) Maschen rechts.
2. Reihe und jede weitere Rückreihe: Die Maschen stricken, wie sie erscheinen.
3. Reihe: 0 (0 / 2) Maschen rechts, 0 (0 / 2) Maschen links, 3 (4 / 2) Maschen rechts, 3 Maschen links, 1 Masche auf der Zopfnadel hinter die Arbeit legen, 2 Maschen rechts, dann die Masche von der Zopfnadel links stricken, 1 Masche links, 2 Maschen auf der Zopfnadel vor die Arbeit legen, 1 Masche links, dann die Masche von der Zopfnadel rechts stricken, 3 Maschen links, 3 (4 / 2) Maschen rechts, 0 (0 / 2) Maschen links, 0 (0 / 2) Maschen rechts.
5. Reihe: 0 (0 / 2) Maschen rechts, 0 (0 / 2) Maschen links, 3 (4 / 2) Maschen rechts, 2 Maschen links, 1 Masche auf der Zopfnadel hinter die Arbeit legen, 2 Maschen rechts, dann die Masche von der Zopfnadel links stricken, 3 Maschen links, 2 Maschen auf der Zopfnadel vor die Arbeit legen, 1 Masche links, dann die Maschen von der Zopfnadel rechts stricken, 2 Maschen links, 3 (4 / 2) Maschen rechts, 0 (0 / 2) Maschen links, 0 (0 / 2) Maschen rechts.
7. Reihe: 0 (0 / 2) Maschen rechts, 0 (0 / 2) Maschen links, 3 (4 / 2) Maschen rechts, 2 Maschen links, 2 Maschen rechts, 5 Maschen links, 2 Maschen rechts, 2 Maschen links, 3 (4 / 2) Maschen rechts, 0 (0 / 2) Maschen links, 0 (0 / 2) Maschen rechts.
9. Reihe: 0 (0 / 2) Maschen rechts, 0 (0 / 2) Maschen links, 3 (4 / 2) Maschen rechts, 2 Maschen links, 2 Maschen auf der Zopfnadel vor die Arbeit legen, 1 Masche links, dann die Maschen von der Zopfnadel rechts stricken, 3 Maschen links, 1 Masche auf der Zopfnadel hinter die Arbeit legen, 2 Maschen rechts, dann die Masche von der Zopfnadel links stricken, 2 Maschen links, 3 (4 / 2) Maschen rechts, 0 (0 / 2) Maschen links, 0 (0 / 2) Maschen rechts.
11. Reihe: 0 (0 / 2) Maschen rechts, 0 (0 / 2) Maschen links, 3 (4 / 2) Maschen rechts, 3 Maschen links, 2 Maschen auf der Zopfnadel vor die Arbeit legen, 1 Masche links, dann die Maschen von der Zopfnadel rechts stricken, 1 Masche links, 1 Masche auf der Zopfnadel hinter die Arbeit legen, 2 Maschen rechts, dann die Masche von der Zopfnadel links stricken, 3 Maschen links, 3 (4 / 2) Maschen rechts, 0 (0 / 2) Maschen links, 0 (0 / 2) Maschen rechts.
Die 1. bis 12. Reihe 12 (13 / 15) x arbeiten (Schal misst ca. 120cm (130cm / 150cm)). Alle Maschen abketten.

FERTIGSTELLUNG
Den Schal laut Maßangaben spannen und anfeuchten, trocknen lassen. Die Anschlagkante an die Abkettkante nähen.

MODELL 41

MÜTZE STRICKEN

MODELL 41
EINFACHE MÜTZE

GRÖSSEN
Kinder (Teens / Damen / Herren)
48 (50 / 52 / 54)cm

MATERIAL
Rico Essentials Super super chunky
Farbe 005 (Petrol) 100 (100g / 100g / 100g)
alternativ Farbe 006 (Smaragd) 100g (100g /
100g / 100g) auf Seite 94 – 95
Rico Stricknadeln 8 und 10mm
Rico Kunstfellpompon Farbe 010 (Petrol)
alternativ Farbe 009 (Grün)

GRUNDMUSTER
GLATT RECHTS
Hinreihe: rechte Maschen stricken.
Rückreihe: linke Maschen stricken.

RIPPENMUSTER
Hinreihe: 1 Masche rechts, 1 Masche links im Wechsel stricken.
Rückreihe: Maschen stricken, wie sie erscheinen.

MASCHENPROBE
Glatt rechts
9 Maschen und 12 Reihen = 10 x 10cm

ANLEITUNG
Mit Nadeln 8mm 43 (45 / 47 / 49) Maschen locker anschlagen. Im Rippenmuster (1 Masche rechts, 1 Masche links) stricken. In 8 (10 / 12 / 12)cm auf Nadeln 10mm wechseln und weiter glatt rechts stricken. In 21 (23 / 26 / 28)cm Höhe in der letzten Rückreihe beidseitig 1 (0 / 1 / 0) Maschen zunehmen = 45 (45 / 49 / 49) Maschen. Nächste Reihe: *2 Maschen rechts, 2 Maschen rechts zusammenstricken, ab * fortlaufend wiederholen, enden mit 1 Masche rechts = 34 (34 / 37 / 37) Maschen. 3 Reihen ohne Abnahmen arbeiten. Nächste Reihe: * 1 Masche rechts, 2 Maschen rechts zusammenstricken, ab * fortlaufend wiederholen, enden mit 1 Masche rechts = 23 (23 / 25 / 25) Maschen. 1 Reihe links stricken. Nächste Reihe: *2 Maschen rechts zusammen stricken, ab * fortlaufend wiederholen, enden mit 1 Masche rechts = 12 (12 / 13 / 13) Maschen. Nächste Reihe: 1 (1 / 0 / 0) Maschen links, 5 (5 / 6 / 6) x2 Maschen links zusammenstricken = 6 Maschen. Faden abschneiden und durch die restlichen Maschen ziehen.

FERTIGSTELLUNG
Die Mütze laut Maßangaben spannen, anfeuchten und trocknen lassen. Die Naht schließen, dabei beim Rippenmuster links auf links legen. Den Kunstfellpompon an das Mützenende nähen.

MODELL 42/43
SCHAL
GERIPPTE MÜTZE
STRICKEN

MODELL 42
SCHAL
IM BROMBEERMUSTER

GRÖSSEN
Kleinkinder (Kinder / Damen)
11 x 112 (14 x 120 / 17 x 134)cm

MATERIAL
Rico Essentials Super super chunky
Farbe 004 (Melone) 100g (100g / 200g)
Rico Stricknadel 10mm

GRUNDMUSTER
Brombeermuster – siehe Anleitung

MASCHENPROBE IM GRUNDMUSTER
13 Maschen und 20 Reihen = 10 x 10cm

ANLEITUNG
14 (18 / 22) Maschen anschlagen.
1. Reihe (Hinreihe): Linke Maschen stricken.
2. Reihe: 1 Masche rechts, *(1 Masche rechts, 1 Masche links, 1 Masche rechts) in die nächste Masche stricken, 3 Maschen links zusammenstricken; ab * fortlaufend wiederholen, enden mit 1 Masche rechts.
3. Reihe: Linke Maschen stricken.
4. Reihe: 1 Masche rechts, * 3 Maschen links zusammenstricken, (1 Masche rechts, 1 Masche links, 1 Masche rechts) in die nächste Masche, ab* fortlaufend wiederholen, enden mit 1 Masche rechts.
Die 1. bis 4. Reihe fortlaufend wiederholen, bis der Schal 112cm (120cm / 134cm) lang ist, dabei mit einer 4. Reihe enden. 1 Reihe linke Maschen stricken, dabei die Maschen abketten.

FERTIGSTELLUNG
Den Schal laut Maßangabe spannen und anfeuchten, trocknen lassen.

MODELL 43
GERIPPTE MÜTZE

GRÖSSEN
Kinder (Damen / Herren)
46cm (51cm / 56cm)

MATERIAL
Rico Essentials Super super chunky
Farbe 004 (Melone) 100g (100g / 100g)
alternativ Farbe 003 (Pink) 100g (100g / 100g)
auf Seite 100 – 101
Rico Stricknadeln 8 und 10mm

GRUNDMUSTER
RIPPEN-PATENT
1. Reihe: Randmasche, rechte Maschen stricken, Randmasche
2. Reihe: Randmasche, * 1 Masche rechts 1 Reihe tiefer einstechen, 1 Masche links, ab * fortlaufend wiederholen, 1 Masche rechts 1 Reihe tiefer einstechen, Randmasche.
Die 1. und 2. Reihe fortlaufend wiederholen.

RIPPENMUSTER
Hinreihe: 1 Masche rechts, 1 Masche links im Wechsel stricken.
Rückreihe: Die Maschen stricken, wie sie erscheinen.

MASCHENPROBE IM PATENTMUSTER
8 Maschen und 17 Reihen = 10 x 10cm

ANLEITUNG
Mit Nadeln 8mm 37 (41 / 45) Maschen anschlagen und zwischen Randmaschen im Rippenmuster 4 Reihen stricken. Auf Nadeln 10mm wechseln und im Rippen-Patent weiterarbeiten. In 19cm (20cm / 22cm) Gesamthöhe mit den Abnahmen beginnen:
1. Reihe: Randmasche, * 3 Maschen rechts zusammenstricken, 1 Masche rechts, ab * fortlaufend wiederholen = 19 (21 / 23) Maschen.
3 Reihen ohne Abnahmen arbeiten.
5. Reihe: * 3 Maschen rechts zusammenstricken, 1 Masche rechts; ab * fortlaufend wiederholen, enden mit 3 Maschen rechts zusammenstricken (enden mit 1 Masche rechts / enden mit 3 Maschen rechts zusammenstricken) = 9 (11 / 11) Maschen.
1 Reihe stricken, dann den Faden abschneiden und durch die restlichen Maschen ziehen.

FERTIGSTELLUNG
Die Mütze laut Maßangaben spannen, anfeuchten und trocknen lassen. Die Naht schließen. Einen etwa 9cm großen, lockeren Pompon anfertigen und an das Mützenende nähen.

MODELL 44
MÜTZE MIT OHRENKLAPPEN STRICKEN

MODELL 44
MÜTZE MIT OHRENKLAPPEN

GRÖSSEN
Kinder (Teens / Damen / Herren)
Die Mütze hat einen Umfang von
ca. 48cm (50cm / 52cm / 54cm).

MATERIAL
Rico Essentials Super super chunky
Farbe 007 (Dunkelgrau)
200g (200g / 200g / 200g)
Rico Stricknadeln 10mm

GRUNDMUSTER
GLATT RECHTS
Hinreihe: rechte Maschen stricken.
Rückreihe: linke Maschen stricken.

MASCHENPROBE
Glatt rechts
9 Maschen und 12 Reihen = 10 x 10cm

ANLEITUNG
Mit Nadeln 10mm 43 (45 / 47 / 49) Maschen locker anschlagen und glatt rechts stricken. In 15cm (17cm / 18cm / 20cm) Höhe in der letzten Rückreihe beidseitig 1 (0 / 1 / 0) Masche zunehmen = 45 (45 / 49 / 49) Maschen. Nächste Reihe: *2 Maschen rechts, 2 Maschen rechts zusammenstricken, ab * fortlaufend wiederholen, enden mit 1 Masche rechts = 34 (34 / 37 / 37) Maschen. 3 Reihen ohne Abnahmen arbeiten.
Nächste Reihe: * 1 Masche rechts, 2 Maschen rechts zusammenstricken, ab * fortlaufend wiederholen, enden mit 1 Masche rechts = 23 (23 / 25 / 25) Maschen. 1 Reihe links stricken. Nächste Reihe: *2 Maschen rechts zusammenstricken, ab * fortlaufend wiederholen, enden mit 1 Masche rechts = 12 (12 / 13 / 13) Maschen.
Nächste Reihe: 1 (1 / 0 / 0) Maschen links, 5 (5 / 6 / 6) x 2 Maschen links zusammenstricken = 6 Maschen. Faden abschneiden und durch die restlichen Maschen ziehen.

Für die beiden Ohrenklappen jeweils 3 (3 / 4 / 4) Maschen anschlagen und glatt rechts stricken. Für die Rundung beidseitig in jeder 2. Reihe 3 x 1 (4 x 1 / 6 x 1 / 6 x 1) Maschen zunehmen = 9 (11 / 16 / 16) Maschen. In einer Höhe von 5 (7 / 9 / 9)cm alle Maschen locker abketten.

FERTIGSTELLUNG
Die Mütze anfeuchten, in Form ziehen und trocknen lassen. Die Naht schließen und die Ohrenklappen an die Mütze nähen. Ca. 6 x 30cm (6 x 40cm / 6 x 50cm / 6 x 50cm) vom Knäuel wickeln, flechten und an die Ohrenklappen nähen. Alle Fäden vernähen.

MODELL 45
MÜTZE MIT OHRENKLAPPEN STRICKEN

MODELL 45
MÜTZE MIT OHRENKLAPPEN

GRÖSSEN
Kinder (Teens / Damen / Herren)
Die Mütze hat einen Umfang von
ca. 48cm (50cm / 52cm / 54cm).

MATERIAL
Rico Essentials Super super chunky
Farbe 002 (Beige) 200g (200g / 200g / 200g)
Rico Stricknadeln 10mm

GRUNDMUSTER
GLATT RECHTS
Hinreihe: rechte Maschen stricken.
Rückreihe: linke Maschen stricken.

KRAUS RECHTS
nur rechte Maschen stricken

MASCHENPROBE
Glatt rechts
9 Maschen und 12 Reihen = 10 x 10cm

ANLEITUNG
Mit Nadeln 10mm 43 (45 / 47 / 49) Maschen
locker anschlagen und glatt rechts stricken.
In 21cm (23cm / 26cm / 28cm) Höhe in der
letzten Rückreihe beidseitig 1 (0 / 1 / 0) Masche
zunehmen = 45 (45 / 49 / 49) Maschen.
Nächste Reihe: *2 Maschen rechts, 2 Maschen
rechts zusammenstricken, ab * fortlaufend wiederholen, enden mit 1 Masche rechts = 34 (34 /
37 / 37) Maschen. 3 Reihen ohne Abnahmen
arbeiten.
Nächste Reihe: * 1 Masche rechts, 2 Maschen
rechts zusammenstricken, ab * fortlaufend
wiederholen, enden mit 1 Masche rechts =
23 (23 / 25 / 25) Maschen. 1 Reihe links stricken.
Nächste Reihe: *2 Maschen rechts zusammenstricken, ab * fortlaufend wiederholen, enden
mit 1 Masche rechts = 12 (12 / 13 / 13) Maschen.
Nächste Reihe: 1 (1 / 0 / 0) Masche links,
5 (5 / 6 / 6) x 2 Maschen links zusammenstricken = 6 Maschen. Faden abschneiden und
durch die restlichen Maschen ziehen.

Für die beiden Ohrenklappen jeweils 3 (3 /
4 / 4) Maschen anschlagen und kraus
rechts stricken. Für die Rundung beidseitig in
jeder 2. Reihe 3x1 (4x1 / 6x1 / 6x1) Maschen
zunehmen = 9 (11 / 16 / 16) Maschen. In einer
Höhe von 5 (7 / 9 / 9)cm alle Maschen locker
abketten.

FERTIGSTELLUNG
Die Mütze anfeuchten, in Form ziehen und trocknen lassen. Die Naht schließen, dabei am Mützenrand ca. 5cm (6cm / 8cm / 8cm) umschlagen.
Die Ohrenklappen an die Mütze nähen. Einen
Pompon mit einem Durchmesser von etwa 9cm
herstellen und an das Mützenende nähen.
Ca. 6x30cm (6x40cm / 6x50cm / 6x50cm) vom
Knäuel wickeln, flechten und an die Ohrenklappen nähen. Alle Fäden vernähen.

wild wild wool

MODELL 46

HAARREIF MIT POMPON

**MODELL 46
HAARREIF MIT POMPON**

GRÖSSE
ca. 15 x 9cm

MATERIAL
Garnreste verschiedener Qualitäten

ANLEITUNG
Aus Garnresten 2 Pompons von ca. 9cm Größe anfertigen.

FERTIGSTELLUNG
Die Pompons an einen etwa 5cm breiten Haarreif knoten.

ESSENTIALS SUPER SUPER CHUNKY

50% Schurwolle / 50% Polyacryl

100g / ~100m | 10mm | 800 g | 9 M/ST/M | 12 R/R/RGS

 creme
383091.001

 beige
383091.002

 pink
383091.003

 melone
383091.004

 petrol
383091.005

 smaragd
383091.006

 dunkelgrau
383091.007

 schwarz
383091.008

CREATIVE BONBON SUPER CHUNKY

53% Schurwolle / 47% Polyacryl

100g / ~100m | 10mm | 800 g | 9 M/ST/M | 12 R/R/RGS

 multi natur
383084.001

 multi grau
383084.002

 multi pink
383084.003

 multi orange
383084.004

 multi beere
383084.005

multi türkis
383084.006

 multi anthrazit
383084.007

ESSENTIALS BIG

50% Schurwolle / 50% Polyacryl

50 g / ~48 m | 7–8 mm | 40 / 700 g | 10 cm / 11 M/ST/M · 16 R/R/RGS

creme 383012.001	natur 383012.012	camel 383012.020	holz 383012.021	koralle 383012.017	mint 383012.018
seegrün 383012.019	navy 383012.011	hellgrau 383012.022	steingrau 383012.023	grau 383012.014	schwarz 383012.015
neongelb 383012.024	neonorange 383012.025	neonpink 383012.026	neongrün 383012.027	pink 383012.028	melone 383012.029
hellrot 383012.030	zimt 383012.031	safran 383012.032	hellgrün 383012.033	türkis 383012.034	azur 383012.035

WEBETIKETTEN FÜR DIE INNENSEITEN VON KLEIDUNGSSTÜCKEN

100% Polyester
15 x 60 mm

Label Made By Me | schwarz | 38004.001

Label Made By Me | dunkelgrün | 38004.004

Label Made By Me | hellblau | 38004.002

Label Made By Me | dunkelgrau | 38004.005

Label Made With Love | rot | 38004.003

Label Made By Me | rosa | 38004.006

WEBETIKETTEN AUSSEN

100% Polyester
20 x 80 mm

| Label Made By Me pink 38005.001 | Label Made By Me rosa 38005.002 | Label Made By Me schwarz 38005.003 | Label wild wild wool dunkelgrün 38005.009 | Label I Love My Hat weiß 38005.005 | Label Super Selfmade dunkelblau 38005.006 | Label Made By Me dunkelgrün 38005.007 | Label Made With Love pink No. 38005.008 |

POMPON MAKER SET

4 Pompon Maker
100% Kunststoff
38003.001

⌀ 3,5 cm

⌀ 5,5 cm

⌀ 7 cm

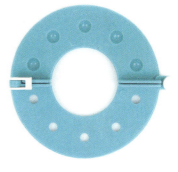
⌀ 9 cm

KUNSTFELL POMPON

100% Polyacryl
⌀ 10 cm

natur
383175.001

kiesel
383175.002

hellbraun
383175.003

dunkelbraun
383175.004

silber
383175.005

schwarz
No. 383175.006

pink
383175.007

koralle
383175.008

grün
383175.009

petrol
383175.010

wild wild wool

wild wild wool

THE END

...HOPE TO SEE YOU AGAIN SOON!